Snežana Šimičić • Stephan Fennel

Biker Betten
Motorrad Reisebuch

KROATIEN

auf dem Motorrad entdecken

Das Autorenteam Snežana Šimićič und Stephan Fennel.

Dobro došli – Willkommen in Kroatien! Mit diesem Motorrad-Reiseführer möchten wir euch in dieses spannende Land zwischen Zentral- und Südosteuropa locken, das für Reisende auf zwei Rädern wie gemacht zu sein scheint. Es bietet landschaftliche wie auch kulturelle Erlebnisse der besonderen Art.

Leider war Kroatien in der Vergangenheit immer wieder Zankapfel konkurrierender Machthaber. Nicht einmal ein Vierteljahrhundert ist es her, als mitten in Europa hier sogar ein Bürgerkrieg, der unzählige Opfer forderte, tobte. Mittlerweile ist aber Frieden eingekehrt. Kroatien ist Mitglied der Europäischen Union, und sogar die Einführung des Euro scheint in greifbare Nähe zu rücken. Damit ist das Unterwegssein mittlerweile wieder absolut unproblematisch geworden. Passkontrollen gibt es aber noch bei Abstechern in die Nachbarländer.

Kindheitserinnerungen

Meine Eltern sind als Kroaten noch in dem Staatenkonstrukt Jugoslawien aufgewachsen. Durch die alljährlichen Sommerurlaube bei der durchs ganze Land verstreuten Verwandschaft habe ich viele Ecken damals schon kennenlernen können. Im Laufe meiner Tätigkeit als Reisejournalistin hatte ich dann wiederholt die Gelegenheit, die Heimat meiner Eltern unter ganz anderen Vorgaben kennen- und schätzen zu lernen. Manches Mal war ich dann doch überrascht, wie sehr die Erinnerungen täuschen können.

Als Einstieg stellen wir euch in diesem Reiseführer die Küstenstraße *Jadranska Magistrala* ausführlich vor. Aufgrund ihrer Länge haben wir sie für euch in zwei Etappen aufbereitet. Dies gilt auch für die Halbinsel Istrien, die bei deutschsprachigen Urlaubern schon seit Ende des 19. Jahrhunderts hoch im Kurs steht und sich mittlerweile zur Feinschmeckerregion Kroatiens mausern konnte.

Weiter geht es in die *Kvarner Bucht*, die neben der Hafenstadt *Rijeka* mit den beiden größten Inseln des Landes (*Cres* und *Lošinj*) punkten kann. Überhaupt spielt die Inselwelt in Kroatien eine große Rolle: Mehr als 1 000 gibt es offiziell. Nicht alle sind besiedelt und schon gar nicht können alle mit dem Motorrad befahren werden. Doch einige von ihnen sind durchaus einen Abstecher, wenn nicht sogar eine eigene Tour wert, wie Ihr in den verschiedenen Kapiteln sehen werdet. Zu unseren Highlights gehören *Pag, Brač, Hvar* und *Korčula*.

Variantenreich

Damit wären wir dann auch schon mitten in der Region *Dalmatien*. Dieser südliche Teil des Landes bietet schier unendliche Variationsmöglichkeiten für spannende Motorradtouren: sowohl an der Küste, als insbesondere auch in den ihr jeweils vorgelagerten Bergregionen.

Velebit, Paklenica und Biokovo heißen diese Gebiete, in denen man einen Kurventaumel nach dem anderen erleben, sich für Stunden in der Gebirgswelt verlieren und doch immer wieder traumhafte Panoramaausblicke auf die blauschimmernde Adria erheischen kann. Auch manche Offroad-Einlage ist hier ganz legal möglich.

Tolle Städte hat Kroatien natürlich auch zu bieten. Tipps für einen Besuch haben wir euch nicht nur für die Hauptstadt *Zagreb,* sondern auch für *Samobor, Rovinj, Zadar, Split* und *Dubrovnik* zusammengestellt.

GPS-Koordinaten

Um euch das Nachfahren so einfach wie möglich zu machen, haben wir viel Wert auf das Kartenmaterial in diesem Buch gelegt. Zu den Highlights jeder Tour findet Ihr zudem jeweils die GPS-Koordinaten, gleiches gilt für unsere Auswahl an Unterkünften, die von schlicht, aber charmant, bis luxuriös reicht.

Euer Kroatisch ist ein wenig eingerostet? Keine Sorge, mit Englisch und meist auch Deutsch gelingt die Verständigung im Prinzip überall problemlos. Einen Mini-Sprachführer mit den wichtigsten Vokabeln rund um die Motorradreise haben wir euch zur Sicherheit dennoch zusammengestellt.

Uns bleibt noch zu sagen: *sretan put* – gute Reise und viel Spaß bei euren Erkundungstouren durch das schöne Kroatien!

Snežana Šimićič & Stephan Fennel

Ljubljana
Zagreb
Trieste
Rijeka
Pula
Karlovac
Bihać
Banja Lu
Viroviti
Zadar
Šibenik
Split
Ancona
Pescara
1
2
3
4
5
6
7
8
9
10
A1
A2
A3
A4
A9
E57
E59
E61
E63
E65
E70
E71
24

1 JADRANSKA MAGISTRALA – TEIL 1

2 JADRANSKA MAGISTRALA – TEIL 2

3 ISTRIEN WEST

4 ISTRIEN OST

5 KVARNER BUCHT

6 ZAGORJE

7 DALMATIEN NORD

8 INSEL BRAČ & HVAR

9 DALMATIEN SÜD

10 HINTERLAND

Kroatiens **heiliger Berg**

Mit 1762 Metern Höhe ist der Sveti Jure der höchste anfahrbare Punkt des Landes. Mit dem Motorrad bezwingen lässt er sich über eine 23 Kilometer lange und sehr kurvenreiche Mautstraße. Der Sveti Jure ist gleichzeitig der höchste Gipfel des majestätischen Biokovo-Gebirges, das sich vor allem entlang der Makarska Riviera im Süden Dalmatiens steil in den Himmel hinaufreckt.

GPS 43.3421, 17.05376

Naturpark **Vransko Jezero**

Wer kurz hinter der Stadt Biograd na Moru die Küstenstraße verlässt und den Berg zum Aussichtspunkt Kamenjak hinauffährt, wird mit einem Panoramablick auf Vrana, den größten See Kroatiens, belohnt. Deutlich wird die kurze Distanz zur Adria mit ihren Inseln: Die Entfernung beträgt nicht einmal einen Kilometer.

GPS 43.89544, 15.61166

Mondlandschaft auf der **Insel Pag**

Von diesem 189 Meter hohen Aussichtspunkt blickt man auf die Inselhauptstadt und die Salinen. Nicht nur an dieser Stelle, sondern auch an der gesamten Ostküste von Pag, gleicht die insel einer Mondlandschaft.

44.43850, 15.03745

Eine Winzerin in Slawonien erklärt der Autorin ihr Konzept.

Wissenswertes zu Land & Leuten

Kroatien hat allerhand Erfindungen, tolle Kulinarik, abwechslungsreiche Natur sowie wechselvolle Geschichte zu bieten.

Das heutige Staatsgebiet von Kroatien erstreckt sich über einen kontinentalen Teil im Norden und einen langen Küstenstreifen im Süden. Dieser nimmt den Großteil der Ostküste des Adriatischen Meeres ein und ist damit Teil des Mittelmeeres. Der südlichste Teil der Küste – die Region rund um Dubrovnik – ist seit dem Abkommen von Dayton aus dem Jahre 1995 durch den etwa sieben Kilometer langen Küstenstreifen von Bosnien und Herzegowina nunmehr vom übrigen Kroatien abgekoppelt.

Die Mittelmeerregion wird durch die enge Bergkette Dinara vom kontinentalen Teil getrennt. Dieser erstreckt sich von den östlichen Rändern der Alpen im Nordwesten bis zu den Donauufern im Osten und umfasst auch Teile der Pannonischen Tiefebene.

Kroatien in Zahlen

4 290 612	Einwohner
56 594 km²	Staatsfläche
31 479 km²	Küstengewässer
6 278	Kilometer lange Küste
1244	Inseln
1831 Meter	(höchster Gipfel Dinara)

300 offizielle und kostenlose WIFI-Zugangspunkte in Kroatien. Hinzu kommen unzählige freie Netzwerke in Hotels und Restaurants.

Kroatische Erfindungen

Wer hat's erfunden? Die Schweizer mögen sich vielleicht mit den bekannten Kräuterzuckerli brüsten, doch die Kroaten sind gleich auf eine ganze Reihe von Erfindungen mächtig stolz.

Dalmatiner

Als Herkunftsland der schwarz getupften Hunderasse gilt die kroatische Region Dalmatien.

Kugelschreiber

Edward Penkala stammte ursprünglich zwar aus der Slowakei, zog aber 1900 nach Zagreb und nannte sich fortan nicht mehr Edward, sondern Slavoljub, was Slawenbegeisterter bedeutet. 1906 entwickelte er zunächst den Druckbleistift, ein Jahr später folgte die Variante mit Tinte. 1911 wurde die Penkala Fabrik in Zagreb gegründet, die heute noch existiert. www.toz-penkala.hr

Die Firma Penkala in Zagreb produziert nach wie vor Kugelschreiber.

Krawatte

Kroatische Soldaten, die während des Dreißigjährigen Kriegs in der französischen Armee dienten, trugen ihr Halstuch auf eine individuelle Art und Weise. König Louis XIV wurde drauf aufmerksam und trug sie als Modeaccessoire auf ähnliche Weise. Der Name Krawatte ist von der französischen Vokabel cravate (nach kroatischer Art) abgeleitet. Die Zagreber Firma Croata fühlt sich an die historische Verantwortung gebunden.

www.croata.hr

Am Tag der Krawatte (18. Oktober) wird die römische Arena in Pula mit einer Riesen-Krawatte geschmückt.

Fallschirm

Die Ursprungsidee hatte zwar schon Leonardo da Vinci, doch Faust Vrančić aus Šibenik war 1617 der erste, der einen baute und sogar einen Testsprung mit ihm wagte. Auf der Insel Prvić, wo er seine Kindheit verbrachte, gibt es eine sehenswerte Ausstellung zum Thema. www.mc-faustvrancic.com/en

Fingerabdruck

Der auf Hvar geborene Ivan Vučetić entwickelte die Idee, Verbrecher mittels Fingerabdrücken zu überführen. Er wanderte 1884 nach Argentinien aus, bekam dort eine Stelle bei der Polizei, wo er seine Methode entwickelte. Sieben Jahre später wurde das Patent in Buenos Aires angemeldet.

Maglite

Ante Maglica entwickelte die Stab-Taschenlampen aus Aluminium in seiner heimischen Garage. 1930 wurde er in Amerika geboren, von seiner kroatischen Mutter während der Großen Depression aber in ihre Heimat gebracht. Seine Jungend verbrachte er auf der Insel Zlarin. Nach dem Zweiten Weltkrieg ging er zurück in die USA, wo er noch heute lebt. 1974 gründete er die Firma Mag Instrument Inc.

Nikola Tesla erfand unter anderem den Wechselstrom.

San Marino

301 gilt als das Gründungsjahr der ältesten, noch existierenden Republik der Welt. Sie ist heute als Enklave von italienischem Staatsgebiet umgeben. Als Begründer gilt der Heilige Marius, der auf der Insel Rab geboren wurde.

SMS-Parken

Schon 2001 entwickelte ein Experten-Team des kroatischen Telekommunikations-Unternehmens Vip net mit Sitz in Zagreb die Technologie dazu. Mittlerweile kann man in vielen Großstädten nicht nur seinen Parkschein, sondern auch Tickets für Busse und Straßenbahnen via Smartphone bezahlen.

Torpedo

Der erste Prototyp wurde 1866 von dem Marineoffizier Ivan Blaž Lupis aus Rijeka entwickelt. Die Fabrik Tvornica torpeda entwickelte das Konzept weiter und begann mit der Massenproduktion. Ab dem Ende des 19. Jahrhunderts gehörte das Torpedo zur Grundausstattung der Kriegsmarine. Die alte Fabrik kann besichtig werden.

www.rijekatrips.com

Wechselstrom

Der heute übliche Wechselstrom wurde Ende des 19. Jahrhunderts von Nikola Tesla erfunden. Der Erfinder wurde 1856 im kroatischen Smiljan geboren, wo sich ein sehenswertes Gedenkmuseum befindet.

www.mcnikolatesla.hr

Wolfram-Glühlampe

Die Herstellung der Wolfram-Glühlampen ist Franjo Hanaman aus Slawonien zu verdanken. Er entwickelte die Glühfäden aus dem weißglänzenden Schwermetall und ließ die Idee 1903 patentieren.

GESCHICHTE

Das heutige Kroatiens war nicht erst seit der Antike besiedelt. Es gilt als erwiesen, dass in Krapina schon vor 130 000 Jahren die Vorgänger des

Homo sapiens, sprich die Neandertaler lebten. Die ersten Menschen siedelten sich dann aber tatsächlich erst später und zunächst entlang der Küste an. Zuerst kamen die Griechen, später die Römer.

Insbesondere im Hinblick auf islamische Expansionsbewegungen aus Byzanz galt das Gebiet lange als Verteidigungsposten. Dennoch gelang es dem Christentum erst im dritten Jahrhundert allmählich Fuß zu fassen. Ab dem sechsten Jahrhundert wanderten die ersten Slawen von Norden ein ließen sich sowohl am Meer als auch im Hinterland nieder. Sie nahmen den römisch-katholischen Glauben an, der bis heute vorherrschend ist.

Ein gewisser Tomislav gilt als erster König Kroatiens. Schon ab 910 herrschte er über das Küstengebiet und vereinte später auch das Binnenland zu seinem Reich, das bis 1102 eigenständig blieb. Seine Blütezeit hatte es unter der Regentschaft von König Petar Krešimir IV.

Die Zeiten danach waren von stetigen Wechseln und auch Angriffen geprägt. Von 1102 bis 1526 bestand eine Union mit dem Ungarischen Königreich, zwischen 1451 und 1699 gehörte das Gebiet zum Osmanischen Reich und ab 1527 bis zum Ende des Ersten Weltkriegs waren die Habsburger die Machthaber.

Erst 1918 konnte sich die Kroaten wieder von den fremden Mächten lösen und gingen erstmals eine enge Verbindung mit ihren direkten Nachbarn ein: Das Königreich Jugoslawien war geboren. Der erste, damals noch monarchische Vielvölkerstaat, umfasste neben Kroatien die heutigen Staaten Slowenien, Bosnien und Herzegowina, Serbien, Montenegro, Kosovo und Mazedonien. Die Gebiete südöstlich von Triest sowie Istrien gingen aber nach Italien.

In der ehemaligen Kaserne Turanj vor den Toren von Karlovac befindet sich heute ein Kriegsmuseum.

Die Wirren des Zweiten Weltkrieges konnte diese Monarchie allerdings nicht überstehen. 1941 wurden sie von den deutschen Nationalsozialisten besetzt. Eine unrühmliche Rolle spielte in diesen Zeiten die kroatische Ustaša, ein rechtsextremer Geheimbund, der eine faschistische Diktatur einführte, Feinde verfolgte und ermorden ließ. Dies rief die Partisanenbewegung auf den Plan, die aus dem Untergrund heraus agierte.

Der bekannteste von ihnen hieß Josip Broz, der unter seinem Pseudonym Tito eine immer wichtigere Rolle in der kommunistischen Partei übernahm und 1945 die Sozialistische Föderative Republik Jugoslawien gründete. Er setzte sich für die Gleichberechtigung der Mitgliedsstaaten ein und suchte auch die Zusammenarbeit mit dem kapitalistischen Westen, was zum Bruch mit der Sowjetunion führte. 1980 starb der Machthaber. Fortan kam es zu Streitigkeiten zwischen den Mitgliedsstaaten. Slowenien war 1991 das erste von ihnen, der seine Unabhängigkeit ausrief. Kroatien folgte ein paar Monate später. Doch während die jugoslawische Volksarmee nach einem „Zehn-Tage-Krieg" die Slowenen ziehen ließ, tobte in Kroatien vier Jahre lang ein Bruderkrieg, dessen Nachwirkungen noch heute spürbar sind.

Die wichtigsten Städte an der Küste sind zwar wieder aufgebaut und aufwendig restauriert worden, doch im Hinterland sind die Spuren an den Häusern teilweise immer noch zu erkennen. Auch Landminen gibt es in einigen Teilen nach wie vor. Diese Gebiete sind entsprechend gekennzeichnet und sollten abseits der offiziellen Straßen daher tunlichst gemieden werden.

Das Verhältnis der Nachbarn hat sich in den vergangenen Jahren aber insgesamt wieder normalisiert, so dass Reisende keinerlei Bedenken haben müssen. Seit 2013 gehört die Republik Kroatien offiziell auch zur Europäischen Union.

KULINARIK

An der Küste Istriens und Dalmatiens sowie auf den Insel herrscht leichte mediterrane Küche vor – mit frischem Gemüse und vor allem Fisch. Im Inland gerät die Küche zunehmend deftig und überaus fleischlastig. In den Grenzgebieten sind jeweils die Einflüsse der Nachbarn stark zu spüren. So ist in Istrien der italienische Einfluss unübersehbar, in der Kvarner Bucht wird dagegen traditionell auch österreichisch aufgetischt und im Norden Slawoniens spielt die ungarische Küche eine große Rolle. Eine Besonderheit ist die dalmatinische Peka. Dabei wird eine große hitzebeständige Auflaufform mit Fleisch, Zwiebeln und Kartoffeln gefüllt und unter einer gusseisernen Glocke in eine Feuerstelle gelegt, wo das Essen stundenlang vor sich hinbruzzeln darf.

Die Zubereitung in der Peka, einer gusseisernen Glocke, ist eine Spezialität in Dalmatien.

Abseits der großen Touristenorte und gerne etwas versteckt im Hinterland, sollte man sowohl in Istrien als auch in Dalmatien nach den kleinen Buden Ausschau halten, an den wahlweise Spanferkel oder Lämmer am Spieß über dem Grill garen. Serviert wird das Fleisch meist mit Kartoffeln und dem Alibi-Salat. Die Portionen sind üblicherweise weit überproportioniert und trotzdem alles andere als teuer. Der Klassiker Ćevape genießt aufgrund vieler Balkan-Restaurants in Deutschland zwar nicht den besten Ruf, gilt aber nichtsdestotrotz als eines der Nationalgerichte und gehört damit auf jeden ordentlichen Grillteller. Abseits von Touristenfallen sind die Fleischröllchen meist auch wirklich lecker.

Klassisches Dessert im ganzen Lande ist der Palačinken. Damit ist ein dünner Eierpfannkuchen gemeint, der klassischerweise mit Puderzucker, Marmelade oder Schokosauce serviert wird. Varianten sind Walnüsse, Weincreme und weitere Leckereien.

Austern sind in Kroatien eine Rarität.

Austern

Austern-Fans haben es in Kroatien nicht leicht. Obwohl die Küste mehr als 2000 Kilometer lang ist, werden Liebhaber dieser kulinarischen Spezialität und angeblichen Aphrodisiakums aus geologischen Gründen nur an genau zwei Stellen im ganzen Land fündig. Lediglich am Links Kanal in Istrien (Tour 3) und bei Ston auf der Halbinsel Pelješac in Süddalmatien (Tour 9), ist die Aufzucht dieser speziellen Muschelart möglich.

Trüffel

Viele Feinschmecker werden die knolligen Pilze aus dem Piemont bereits kennen. Aber wie sieht es mit dem kroatischen – genauer istrischen Pendant aus? Das italienische Trüffelinstitut hat wissenschaftlich nachgewiesen, dass die Trüffel aus Istrien genetisch identisch mit ihrer bekannteren Schwester aus Alba sind. Sie haben trotzdem einen Vorteil: Sie sind sehr viel günstiger. Dass die Trüffel aus Kroatien überhaupt außerhalb der Landesgrenzen bekannt geworden sind, ist vornehmlich Giancarlo Zigante zu verdanken.

Er fand 1999 einen 1,31 Kilogramm schweren weißen Trüffel, was ihm einen Eintrag ins Guinness Buch der Rekorde bescherte. Heute leitet er ein Lokal und beliefert diverse Shops. Die Trüffel probieren kann man im Trüffelgebiet von Istrien (rund um Livade

Rote Trauben gedeihen an vielen Stellen Kroatiens ganz hervorragend.

und Buzet) aber in fast allen Restaurants.

Wein

Weine aus dem ehemaligen Jugoslawien genossen über Jahrzehnte – durchaus zurecht – nicht den besten Ruf. Doch in den vergangenen Jahren hat sich viel getan: Sowohl in Slowenien als auch in Kroatien werden mittlerweile international renommierte Spitzenweine produziert. Auf der Halbinsel Istrien ist die Qualität des Crni Refošk hervorzuheben. Dabei handelt es sich um den traditionellen, istrischen Rotwein, der auf kroatischer Seite Teran genannt wird.

Grundsätzlich gedeihen in Istrien Rotwein-Trauben aufgrund des mildes Klimas hervorragend. Zudem ist hier neben Karstboden auch der eisenhaltige Bodentyp Terra Rossa vorherrschend, der einiges zur tiefroten Farbe beiträgt. In punkto Weißwein hat der Malvazija in den vergangenen Jahren eine erstaunliche Entwicklung gemacht. Früher galt er als Arme-Leute Wein. Mittlerweile ist er modern und begehrt. Bei etwa 80 Prozent der Weißweine in Istrien handelt es sich um diese Traube. International gilt der Malvazija als Rarität, da er ansonsten lediglich noch im italienischen Friaul angebaut wird.

Eine weitere hervorragende Weinregion ist Pelješac. Die Halbinsel gilt als Hochburg der roten Rebe Plavac Mali, die mit dem amerikanischen Zinfandel verwandt ist. Auch hier ist das Klima für Weinanbau mehr als ideal, da die Region sehr viele Sonnenstunden hat, vor den Winden der Adria aber durch das etwas weniger als 1000 Meter hohe Pelješac-Gebirge geschützt wird.

Doch da fast alles im Leben seine Vor- und Nachteile hat, war das Massiv der Grund dafür, warum der Weinanbau hier jahrhundertelang sehr mühsam war. Einst mussten die Winzer weit wandern, um von den steilen Küstenstreifen hinüber zur Nordseite zu gelangen. Sie nutzen Esel, um die Trauben über den Bergkamm zur transportieren. Daher ist auf fast jedem Flaschenetikett bis heute eine Eseldarstellung zu finden. Erst 1973 taten sich die Winzer zusammen, um ohne staatliche Finanzspritze einen 400 Meter langen Tunnel durch den Felsen zu sprengen.

Im Hinterland, vor allem in Slawonien, dem nordöstlichen Teil Kroatiens, wird der Vorzeigeweißwein aus der Traube Graševina gekeltert. ◄

NATIONALPARKS

Nationalpark Brijuni-Inseln

Das Gebiet besteht aus 14 einzelnen Inseln südwestlich von Istrien und steht komplett unter Naturschutz. Nur Veli Brijun, die größte von ihnen, darf besucht werden.

www.np-brijuni.hr

Nationalpark Kornaten

Der Nationalpark in Dalmatien besteht aus 89 Inseln, die unter strikten Naturschutz stehen. Erkundet werden können sie nur per Boot oder Schiff.

www.np-kornati.hr

Nationalpark Krka

Der Nationalpark ist nicht so bekannt wie der der Plitvicer Seen, dafür darf man mit dem Motorrad hindurchfahren. www.nationalpark-krka.de

Nationalpark Mljet

Die dalmatinische Insel gilt als die mit dem höchsten Waldbestand im gesamten Mittelmeer. Sie ist nicht nur besiedelt, sondern auch touristisch erschlossen und darf mit dem Motorrad befahren werden.

www.np-mljet.hr

Nationalpark Nördlicher Velebit

Oberhalb der Stadt Senj erstreckt sich das Gebiet, das ein Paradies für Offroad-Freunde ist, auf einer Fläche von 109 Quadratkilometern.

www.np-sjeverni-velebit.hr

Nationalpark Paklenica

Ein Teil des Velebit-Gebirgsmassivs nordöstlich der Stadt Zadar, in dem man sich auf die Spuren Winnetous begeben kann. www.paklenica.hr

Nationalpark Plitvicer Seen

Gehört zum UNESCO-Weltnaturerbe. Im Park gibt es unzählige Wege und Pfade, die zu den Seen, den Wasserfällen und in den Urwald führen. Ein Paradies für Wanderer.

www.np-plitvicka-jezera.hr

Nationalpark Risnjak

Waldreiches Gebiet im Nordwesten des Landes, in dem nach wie vor Bären, Wölfe und Luchse heimisch sind.

www.risnjak.hr

Eine grüne Oase ist der Nationalpark Risnjak.

Legendäre **Küstenstraße**

Auf fast 1000 Kilometern zieht sich die Jadranska Magistrala in vielen spektakulären Windungen einmal quer über die Adria-Küste. Die Straße der Motorrad-Sehnsüchte ist genauso legendär wie berüchtigt. Doch keine Sorge: Der Zustand ist mittlerweile top. Empfohlen sei die Fahrt von Nord nach Süd.

Fährt man von Norden nach Süden, hat man immer die Adria auf seiner rechten Seite.

TOUREN-STECKBRIEF

START- UND ZIELORT
Koper (45.54807, 13.73)
Split (43.50728, 16.43992)

STRECKENLÄNGE
ca. 577 km

DAUER DER TOUR
10-12 Stunden, Empfehlung für diese Tour: 2-3 Tage

ROADBOOK
Koper, Portorož, Pula, Opatija, Rijeka, Crikvenica, Novi Vinodolski, Senj, Starigrad, Zadar, Biograd na Moru, Šibenik, Primošten, Trogir, Split

HIGHLIGHTS
Der wohl schönste Abschnitt verläuft auf den gut 64 kurvenreichen Kilometern zwischen Karlobag (44.52917, 15.07228) und der Maslenica-Brücke (44.22431, 15.53039) am Meeresarm von Novigrad. Spektaklär ist die Aussicht am Kamenjak im Naturpark Vransko Jezero (GPS 43.89544, 15.61166).

Šibenik in Dalmatien.

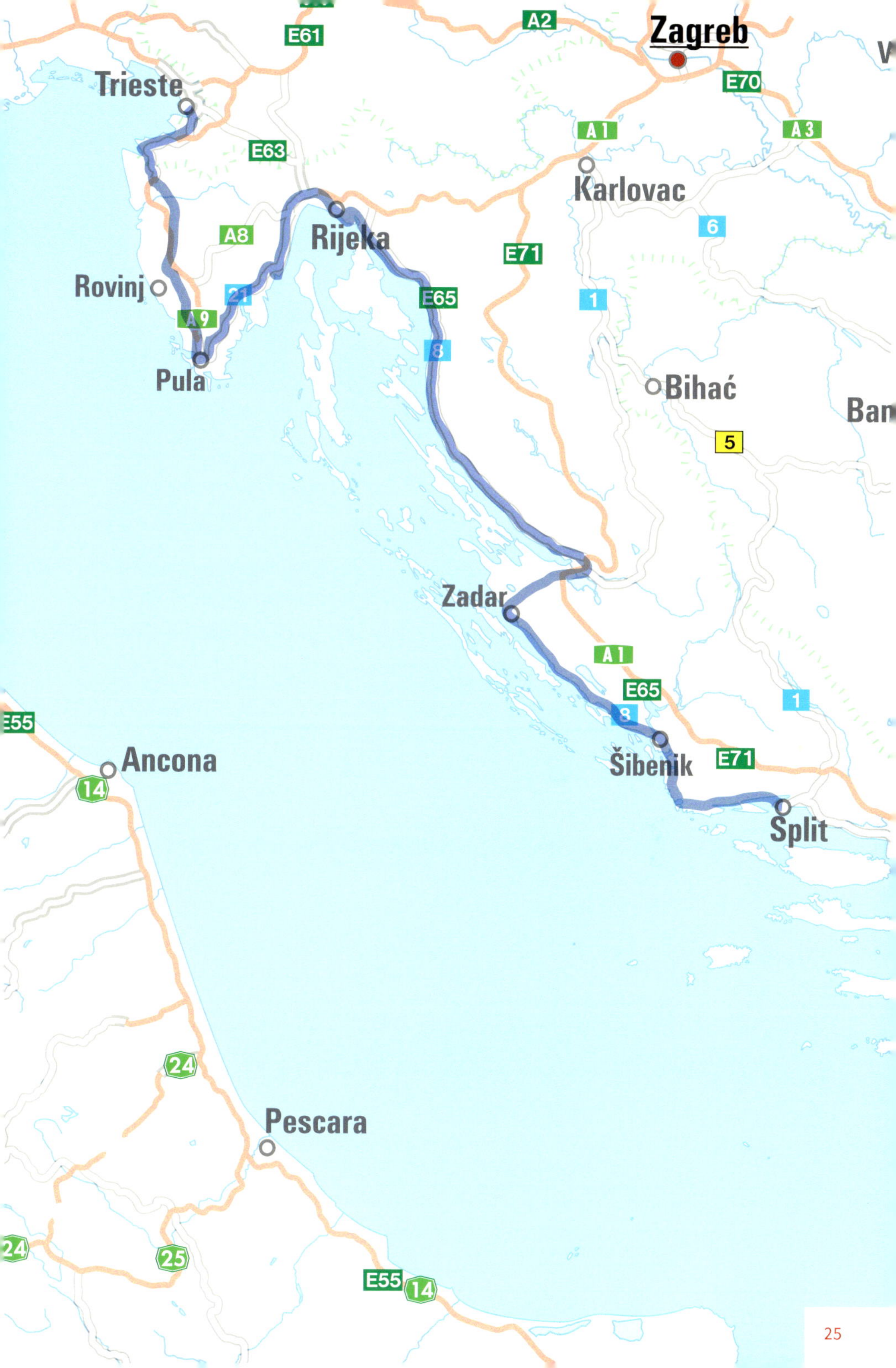

Zagreb
Trieste
Karlovac
Rijeka
Rovinj
Pula
Bihać
Zadar
Šibenik
Split
Ancona
Pescara
E61
A2
E70
A1
A3
E63
A8
6
E71
21
E65
A9
1
8
5
E55
14
24
25

In Norddalmatien fährt man am Velebit-Gebirge entlang.

Die Geschichte der kroatischen Küstenstraße – *Jadranska Magistrala* (Jadran heißt auf kroatisch Adria) beginnt im Prinzip schon kurz nach der Gründung des sozialistischen Staatenbundes Jugoslawien. Ähnelte die Verfassung in den Anfangsjahren noch jener der damaligen Sowjetunion, kam es schon wenig später zum Bruch mit dem großen Bruder im Nordosten.

Präsident Josip Broz Tito näherte sich immer weiter dem kapitalistischen Westen an, denn er hatte eine ganz eigene Vision für sein Volk: Es sollte zwar arbeiten, dafür aber auch belohnt werden – in dem es zum Beispiel ins Ausland reisen durfte. Andersherum wünschte sich der Politiker aber auch Touristen. Sie sollten Devisen ins Land bringen – und damit ihren Teil zum wirtschaftlichen Aufschwung Jugoslawiens beitragen.

Kroatien statt Italien

Die Idee entsprach dem Zeitgeist. Da die Wirtschaft sich in den Nachkriegsjahren allerorten zu stabilisieren begann, fingen die Menschen besonders im deutschsprachigen Teil Europas schon bald wieder an ihre Sachen zu packen und in den Urlaub zu fahren. Die Sehnsucht nach dem Meer war besonders groß. Die italienische Adria mit Urlaubsorten wie Rimini oder Capri waren schnell zum neuen Paradies auf Erden – zumindest für ein, zwei Wochen im Jahr – auserkoren worden. Dies blieb dem Präsidenten des Staatenkonstrukts natürlich nicht

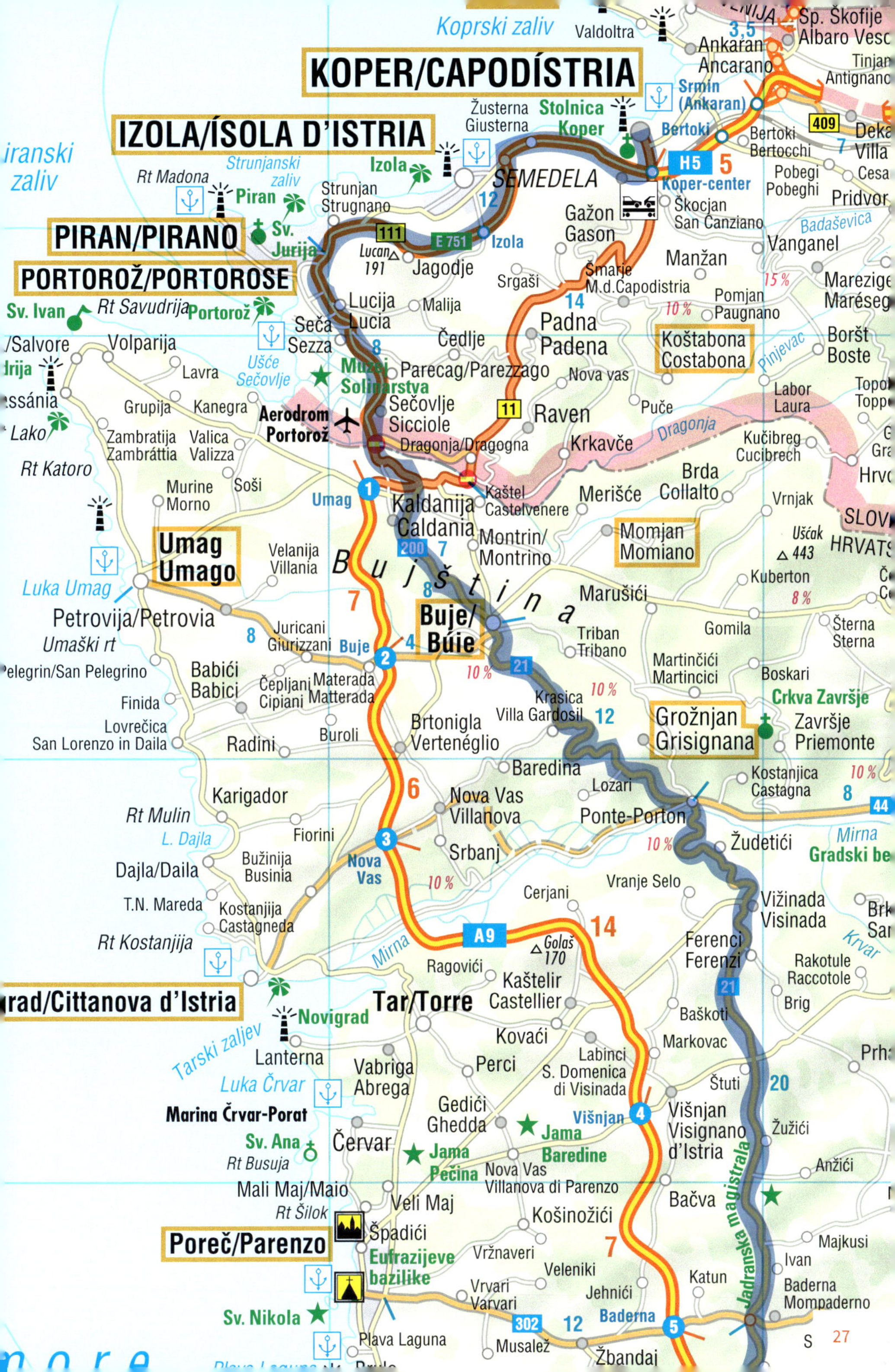

Koprski zaliv
Valdoltra
Sp. Škofije
Albaro Vescovà
Ankaran
Ancarano
Tinjan
Antignano
KOPER/CAPODÍSTRIA
Srmin (Ankaran)
Bertoki
Bertoki
Bertocchi
409
Dekani
Villa
IZOLA/ÍSOLA D'ISTRIA
Žusterna
Giusterna
Stolnica Koper
H5
5
Koper-center
Pobegi
Pobeghi
Cesari
Piranski zaliv
Rt Madona
Strunjanski zaliv
Izola
SEMEDELA
Škocjan
San Canziano
Pridvor
Piran
Strunjan
Strugnano
12
Gažon
Gason
Badaševica
PIRAN/PIRANO
Sv. Jurija
111
E 751
Izola
Manžan
Vanganel
Lucan 191
Jagodje
Srgaši
Šmarje
M.d.Capodistria
15 %
Marezige
Maresego
PORTOROŽ/PORTOROSE
14
Pomjan
Paugnano
Sv. Ivan
Rt Savudrija
Portorož
Lucija
Lucia
Malija
10 %
Boršt
Boste
Savudrija/Salvore
Volparija
Sečа
Sezza
Padna
Padena
Koštabona
Costabona
Pinjevac
Savudrija
Lavra
Ušće Sečovlje
8
Čedlje
Muzej Solinarstva
Parecag/Parezzago
Nova vas
Labor
Laura
Topolovec
Toppolo
Bašanija
Salvore/Bassánia
Grupija
Kanegra
Aerodrom Portorož
Sečovlje
Sicciole
11
Raven
Puče
Lako
Zambratija
Zambráttia
Valica
Valizza
Dragonja/Dragogna
Krkavče
Dragonja
Kučibreg
Cucibrech
Rt Katoro
Soši
Murine
Morno
Umag
1
Kaštel
Castelvenere
Brda
Collalto
Hrvoji
Kaldanija
Caldania
Merišče
Vrnjak
SLOVENIJA
HRVATSKA
Umag
Umago
200
7
Montrin/
Montrino
Momjan
Momiano
Uščak 443
Velanija
Villania
Bujština
Luka Umag
8
Kuberton
7
Marušići
8 %
Petrovija/Petrovia
Buje/
Búie
Štrena
Sterna
Umaški rt
8
Juricani
Giurizzani
Buje
4
Triban
Tribano
Gomila
Pelegrin/San Pelegrino
2
Martinčići
Martincici
Babići
Babici
10 %
21
Boskari
Čepljani
Cipiani
Materada
Matterada
Krasica
10 %
Crkva Završje
Finida
Villa Gardosil
12
Grožnjan
Grisignana
Završje
Piemonte
Lovrečica
San Lorenzo in Daila
Radini
Buroli
Brtonigla
Verteneglio
Baredina
Kostanjica
Castagna
10 %
Karigador
6
Lozari
8
44
Rt Mulin
Nova Vas
Villanova
Ponte-Porton
L. Dajla
Fiorini
Mirna
Dajla/Daila
3
Srbanj
10 %
Žudetići
Gradski ber
Bužinija
Businia
Nova Vas
T.N. Mareda
10 %
Cerjani
Vranje Selo
Vižinada
Visinada
Brkač
San
Kostanjija
Castagneda
Rt Kostanjija
A9
14
Ferenci
Ferenzi
Krvar
Mirna
Golaš 170
Rakotule
Raccotole
Ragovići
Kaštelir
Castellier
21
Novigrad/Cittanova d'Istria
Tar/Torre
Brig
Novigrad
Baškoti
Tarski zaljev
Lanterna
Kovaći
Markovac
Vabriga
Abrega
Perci
Labinci
S. Domenica di Visinada
Prh
Luka Črvar
Štuti
20
Marina Črvar-Porat
Gedići
Ghedda
Višnjan
4
Višnjan
Visignano d'Istria
Žužići
Sv. Ana
Červar
Jama Baredine
Rt Busuja
Jama Pečina
Nova Vas
Villanova di Parenzo
Jadranska magistrala
Anžići
Mali Maj/Maio
Veli Maj
Bačva
Rt Šilok
Košinožići
Špadići
Poreč/Parenzo
Eufrazijeve bazilike
7
Vržnaveri
Majkusi
Veleniki
Ivan
Katun
Vrvari
Varvari
Jehnići
Baderna
Mompaderno
Sv. Nikola
302
12
Baderna
5
Plava Laguna
Musalež
Žbandaj

verborgen. Er musste einen Weg finden, die Urlaubsströme von der italienischen auf die gegenüberliegende Adriaküste zu lenken. Diese war bis dato vor allem aus einem Grund wenig beliebt: Sie war – bis auf die Regionen Istrien und Kvarner – nur sehr schwer zu erreichen.

Es musste also für Abhilfe gesorgt werden. Die Idee einer durchgehenden Verbindung des gesamten Küstenstreifens innerhalb des ehemaligen Jugoslawiens wurde in Angriff genommen. Entgegen landläufiger Meinungen verläuft die Jadranska Magistrala eben nicht ausschließlich entlang der kroa-

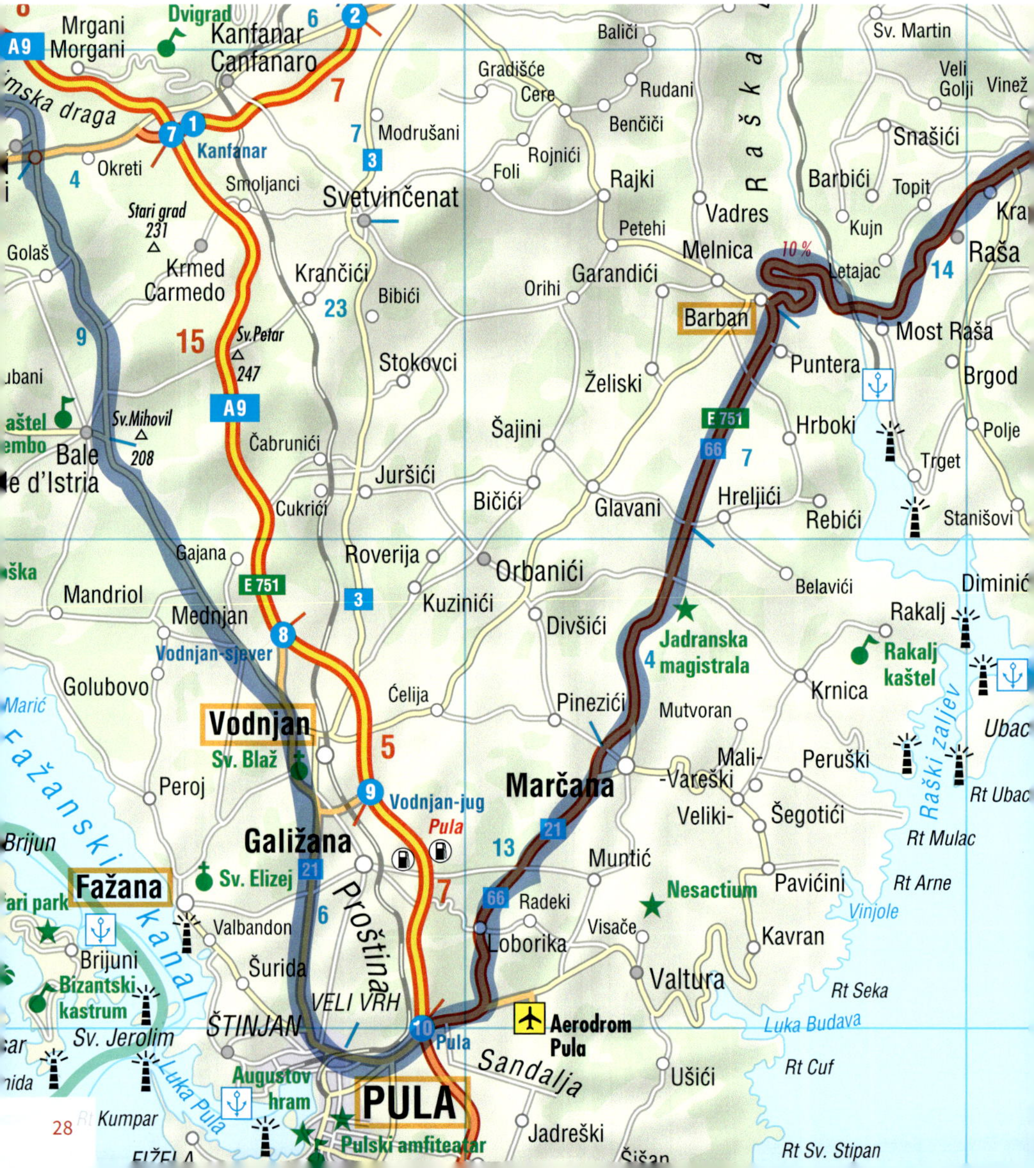

tischen Küste, sondern zieht sich von Norditalien über Slowenien, aber auch durch Montenegro bis kurz vor Albanien.

Schon 1964 war der Großteil vollendet: Beinahe 1000 Kilometer asphaltierter Strecke waren der Küste teilweise unter schwersten Bedingungen abgetrotzt worden. An dieser Stelle sei allerdings am Rande auch erwähnt, dass Tito für den Bau dieses Mammutprojektes Zwangsarbeiter nutzte und männliche Bewohner der diversen Adriainseln rekrutierte, die unter teils haarsträubenden Bedingungen schuften mussten.

Slowenische Kilometer

Bis heute unterliegt die zu Beginn ihres Daseins mit der Bezeichnung M-2 versehene Magistrala stetigen Veränderungen. Vor allem nach dem Zerfall des Vielvölkerstaates in den Bruderkriegswirren zu Beginn der 1990er Jahre wurden ganze Abschnitte verlegt, erneuert und faktisch aufgegeben. So liegt ein Teil der gerade mal 32 Kilometer auf jetzt slowenischem Grund unter einer modernen wie mautpflichtigen Schnellstraße begraben. Der Rest fristet als Route 111 ein eher kümmerliches Dasein mit vornehmlich lokaler Bedeutung.

Offiziell beginnt die Straße im südlich von ***Triest*** liegenden Grenzstädtchen ***Škofije***, das heute zu Slowenien gehört, und endet in ***Ulcinj***, auf heute montenegrinischem Staatsgebiet.

Entspannende Pausen sollten unbedingt ausreichend eingeplant werden.

Genau in dieser Richtung sollte die Küstenstraße mit dem Motorrad idealerweise auch befahren werden: Von Norden nach Süden, denn so hat man rechter Hand immer die Adria im Auge.

Ein jeder sollte für sich selbst entscheiden, ob denn tatsächlich die komplette Magistrala auf die persönliche „To do"-Motorradreise-Liste gehört. Wie erwähnt ist der slowenische Abschnitt rein fahrerisch vernachlässigbar, ähnliches gilt für den Teil in Istrien. Diese Einstiegskilometer sind wenig spektakulär, wenn nicht gar langweilig. Im Bereich der Halbinsel ist dies dem Grundkonzept geschuldert: Vom Konzept her war dieser Teil der Magistrala weniger als Küstenstraße im klassischen Sinne angelegt, denn als Zubringer zu den klangvollen Küstenorten wie ***Opatija, Rovinj*** oder ***Pula***. Weite Teile sind bis heute als D21 zwar erhalten, doch ihre Bedeutung ist ange-

sichts der parallel verlaufenden, noch ziemlich taufrischen Autobahn marginal – und von schönem Fahren kann hier auch nicht die Rede sein.

Der eigentlich lohnenswerte Einstieg, beginnt daher erst auf ihrem abknickenden Verlauf zur *Kvarner Bucht*. Hier wird aus der D21 die D66. Die Landschaften, die die Küstenstraße hier durchzieht, gewinnen zunehmend an Reiz, die Anzahl der Kurven nimmt mit jedem Kilometer zu und verschärft sich noch einmal, sobald das Asphaltband endlich auf die Küste trifft. Der Abschnitt zwischen dem Abzweig zur Fähre nach *Cres* in Brestova und den von k.u.k-Tradition geprägten Ortschaften wie *Lovran* oder *Opatija* ist ein Leckerbissen, den man mindestens einmal im Motorradleben genossen haben sollte.

Vorbei an Rijeka

Am nördlichen Ende der Kvarner Bucht bei Matulji mündet die D66 nach knapp 180 Kilometern in die

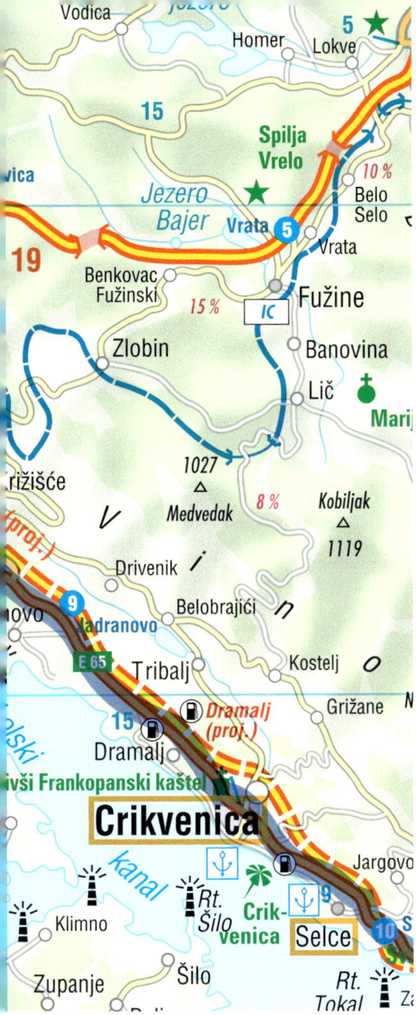

D8, unter der die Jadranska Magistrala den meisten geläufig sein dürfte. Bevor sie sich aber zu einem kurvenreichen Lindwurm entwickeln kann, muss sich die Straße leider durch die seit jeher als Nadelöhr bekannte Hafenstadt Rijeka zwängen. Erst mit dem Schlenker um die Bucht von Bakar herum eröffnen sich zaghaft die ersten grandiose Ausblicke auf die Berge und das wunderbar blaue Meer, die sich im weiteren Verlauf der Magistrala noch häufen werden.

Bald schon werden die Badeorte *Crikvenica* sowie *Novi Vinodolski* durchfahren. In ihrem Umfeld wurde die *D8* in der jüngsten Vergangenheit grundsaniert – aber nicht begradigt. Überhaupt gibt man sich in Kroatien alle Mühe, die gesamte Straße von Zustand und Belag her immer sicherer zu machen, ohne sie auch nur eines Fitzels ihres Charmes zu berauben.

Keine Gefahr mehr

Die kroatische Regierung hat in den vergangenen Jahrzehnten sehr viel Geld in den Erhalt ihrer wichtigsten Touristenstraße investiert. Verbesserung tat an vielen Stellen auch wahrlich Not, war sie in der Vergangenheit doch durchgängig ein einziger Unfallschwerpunkt. Bis heute widmen sich einschlägige Medien den hunderten von Verletzten, die angeblich immer noch zu verzeichnen seien. Auch mit Vokabeln wie „lebensbedrohlich“ wird gerne um sich geworfen.

Wer diese Panoramastrecke lange nicht mehr gefahren ist, mag vielleicht noch die Erinnerung an holpriges Kopfsteinpflaster und viele Lkw, die einen zügigen Verkehrsfluss behindern, haben. Dies ist aber schon ewig nicht mehr der Fall. Das liegt vornehmlich am Auf- und Ausbau des Autobahnnetzes. Gerade der Schwerverkehr weicht zunehmend auf die mautpflichtigen, aber deutlich schnelleren Strecken im Landesinneren, hinter dem imposanten Küstengebirge gelegen, aus. >

Die Straße ist vom Grundsatz her nicht schwieriger zu fahren als vergleichbare in anderen Teilen der Welt, etwa die diversen Corniches zwischen Nizza und Monaco. Hinzu kommt, dass der Asphalt alljährlich in den Wintermonaten an den meist befahrenen Stellen aufwendig saniert wird und Leitplanken an nahezu allen neuralgischen Punkten zu finden sind. Wer sich von den einheimischen Rasern nicht zu Wettrennen hinreißen lässt und trotz der Vielzahl an gebotenen Panoramaausblicken den Verkehr im Auge behält, kann also ganz unbesorgt unterwegs sein.

EXTRA-TIPP: PAG

Insel der Schafe

Wer für ein Teilstück der Jadranska Magistrala gerne eine Alternative in seine Tour einbauen möchte, kann südlich des Velebit-Gebirges per Fäh-

re auf die Insel Pag übersetzen (44.60193, 14.97019). Die mit 284 Quadratkilometern fünftgrößte Insel der Adria ist an vielen Stellen gerade zwei Kilometer breit, dafür aber fast 60 Kilometer lang.

Etwas über 8 000 Einwohner verlieren sich auf der Insel, dafür gibt es tausende von Schafen. Diese sind für die Produktion des berühmtesten Erzeugnisses unerlässlich: Pager Käse. Gligora im Ort Koran ist der größte Produzent. Die Fabrik kann besichtigt werden und es gibt auch einen Shop. Darüber hinaus offerieren viele Bauern an einfachen Straßenbuden ihre selbst gemachten und ebenfalls schmackhaften Käsevariationen.

Der größte Teil von Pag ist felsig. Seine höchste Stelle, der Sveti Vid, reckt sich 348 Meter in den Himmel. Im Süden der Insel führt eine Brücke nördlich von Zadar zurück ans Festland.

www.tzgpag.hr

Zwischen Senj und Zadar gibt es kaum nennenswerte Ortschaften.

Nichtsdestotrotz ist die Reise auf ihr natürlich lang und man sollte die *Magistrale* unbedingt ausgeschlafen genießen. Mehrere Etappen, eventuell mit Strandurlaubsstopps sind daher angeraten. Grundsätzlich sollte man zudem in bestimmten Situationen Vorsicht walten lassen. Dazu gehören Tage mit Regen oder wenn die Bura-Winde sich auf den Weg machen.

Gefährliche Bura-Winde

Dies passiert naturgemäß vor allem in den Herbst- und Wintermonaten. Daher sollten Motorradfahrer unbedingt regelmäßig die örtlichen Verkehrsmeldungen (die auch auf Deutsch gesendet werden) verfolgen, beziehungsweise bei Einheimischen nachfragen, ob die Strecke auch tatsächlich befahrbar ist. Der legendäre Adriawind hat hier seinen Ursprung und kann durchaus Böen mit Spitzengeschwindigkeiten von bis 250 Kilometern erreichen.

Ist dies der Fall – und der Trend ist leider in den vergangenen Jahren im September und Oktober verstärkt zu spüren – sperrt die örtliche Polizei Teilstücke. In diesem Fall heißt die Alternative Autobahn oder warten. >

Auf ihrem weiten Weg nach Süden präsentiert die D8 dann immer öfter nahezu entvölkerte Gebiete. So gibt es beispielsweise am norddalmatinischen Abschnitt zwischen *Senj* und *Zadar* im Prinzip kaum nennenswerte Ortschaften. Der positive Nebeneffekt für Motorradfahrer: Es ist nur wenig los auf der Straße. Das gilt besonders für den wohl schönsten Abschnitt überhaupt. Gemeint sind die gut 64 kurvenreichen Kilometer zwischen *Karlobag* und der *Maslenica-Brücke* am Meeresarm von *Novigrad*.

Kahler Karststein

Nirgendwo anders empfindet man die Nähe zwischen Bergen und Meer intensiver. Links hat man stets das mächtige *Velebit-Gebirge* an seiner Seite. Auf der Küstenseite ist dieses äußerst kahl, über Kilometer hinweg ist kaum einmal ein Strauch geschweige denn ein Bäumchen zu sehen; nur kahler Karststein. Erst kurz vor *Starigrad* wird das Gebirge allmählich grüner – hier befindet man sich dann auch schon auf Höhe des *Nationalparks Paklenica*.

Zur Rechten dagegen sieht man auf diesem Teilstück die blaue Adria, mit ihren unzähligen vorgelagerten Inseln schimmern. Eine ist das bei Urlaubern beliebte *Rab*, das andere ein weiteres optisch recht karg wirkendes Areal: Die Rede ist von der fast 60 Kilometer langen Insel *Pag*, die eine eigenen Tour wert ist (siehe Extratipp).

Hinter *Zadar* macht die Magistrala abermals einen Knick. Ein Schlen-

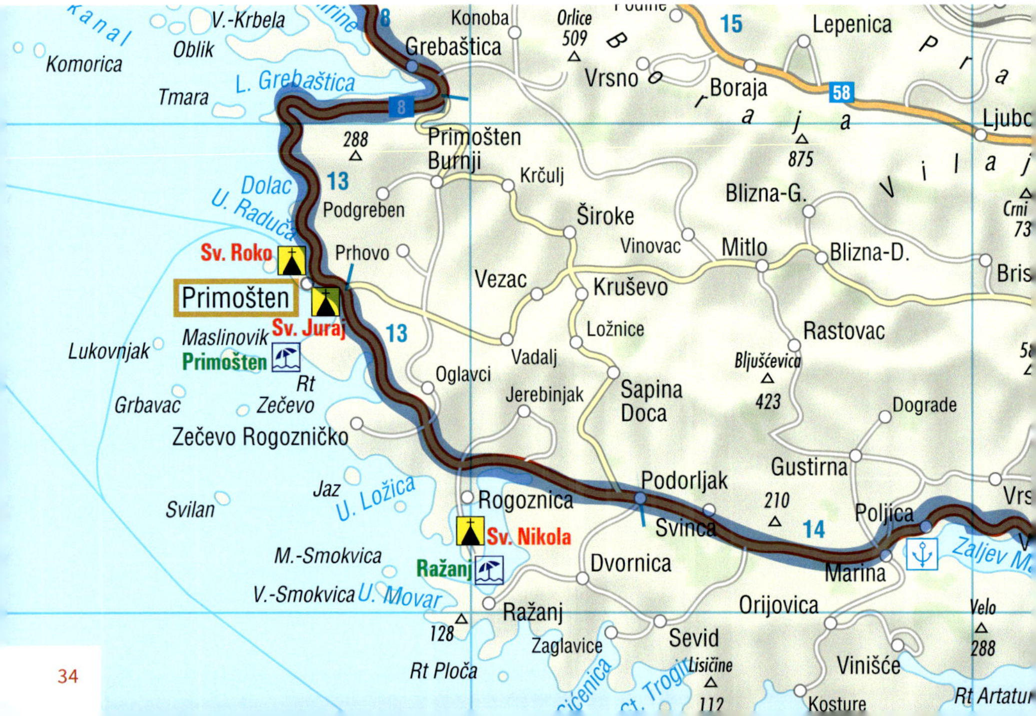

ker sollte dann kurz hinter der Stadt Biograd na Moru unbedingt eingelegt werden. Es geht in den Regionalpark *Vransko jezero*. Er ist nach dem See von Vrano, wie er im Deutschen heißt, benannt. Dabei handelt es sich um den größten Süßwassersee Kroatiens. Schon durchaus nett ist es, ihn zu umrunden. Dagegen spektakulär wird der Weg hinauf zum Aussichtspunkt *Kamenjak* oberhalb von ihm.

Kurzes Schotterstück

Auf dem Weg hinauf sollte man sich nicht zu sehr wundern. Die letzen Meter bestehen aus grobem Schotter, der aber auch für Anfänger gut zu meistern ist. Vor allem aber ist der Wegesrand beidseitig mit meterhohen weißen Kreuzen geschmückt. Gläubige

Aussichtspunkt Kamenjak im Nationalpark Vransko Jerzero.

werden es wissen: Hierbei handelt es sich um einen kleinen Wallfahrtsweg. Angelegt wurde er, weil im zweiten Weltkrieg fast alle Bewohner in das fast 57 Meter tiefe Tunnelsystem zum Teil noch lebend hineingeworfen wur-

den. Die Öffnung befindet sich in einer kleinen Kirche, die zu besichtigen ist.

Blick auf See und Inseln

Einen weitaus erfreulicheren Anblick genießt man nur ein paar Schritte weiter: Man schaut auf den ganzen See, sieht aber auch die stellenweise nicht einmal einen Kilometer von ihm entfernte Adria und Teile der Inseln *Kornati* und *Murter*.

In Vodice trifft man dann wenig später wieder auf die Küstenstraße. Bis ***Šibenik*** schließt sich dann eine dicht bebaute Urlaubs-Infrastruktur an. Dieser Küstenabschnitt ist im Sommer denn auch unbedingt zu meiden. Wer möchte schon freiwillig in sengender Hitze im Ferienstau stehen? Weiter über Trogir ist dann wenig später *Split*, der Endpunkt dieser Tour schließlich erreicht. ◂

STÄDTE-TIPP: ZADAR

Unterschätzte Schönheit

Diese Stadt hat etwas besonders an sich. Das durften in den letzten zwei Jahrtausenden schon viele erfahren. Nach den Illyrern kamen die Römer, bauten ein Kapitol, Befestigungsanlagen, Thermen und einen Aquädukt. Einen Bummel ist die Stadt allemal wert. Leider gibt es nur wenig zentral gelegene Hotels, daher sollte man besser nach einer Privatunterkunft Ausschau halten.

MEERESORGEL: Erbaut im Jahre 2005 nach einem Plan des Architekten Nikola Bašić. Unterhalb einiger Reihen von Treppenstufen, die sich rund 70 Meter am Wasser entlangziehen, sind insgesamt 35 Rohre eingelassen – verschieden lang, breit und geneigt. Während sie vom Seegang durchspült werden, entweicht die Luft durch 35 Orgelpfeifen, die fünf verschiedene Töne in sieben Akkorden intonieren. Die Klänge gelangen durch Austritte oberhalb der Treppenstufen in die Umgebung und bilden ein stets wechselndes Naturkonzert.

GRUSS AN DIE SONNE: Eindrucksvoll setzt sich dieses Schauspiel in der Abenddämmerung in Szene. Dann sammeln sich immer einige Hundert Menschen zum „sundowner", um das ebenfalls

von Nikola Bašić stammende Lichtspiel zu genießen. Dazu sind in einem Kreis mit 22 Metern Durchmesser 300 Glasplatten eingelassen, deren Beleuchtung vom Rhythmus der Wellen und den Klängen der Meeresorgel gesteuert wird. So ergibt sich ein hinreißender Dreiklang aus Tönen, Kunst- und Naturlicht, der einzigartig auf der Welt ist. Es ist ein Spektakel sondergleichen.

KIRCHE DES HEILIGEN DONAT: Der Rundbau stammt aus dem 9. Jahrhundert und gilt als das besterhaltene kroatische Baudenkmal aus altchristlicher Zeit. Regelmäßig finden im Inneren Konzertveranstaltungen statt.

RÖMISCHES FORUM: Überreste des altertümlichen Zentrums existieren noch. Sie befinden sich neben dem Archäologischen Museum.

www.zadar.travel

INFOS ZUR TOUR

CHARAKTERISTIK

Die Küstenstraße stammt aus den 1960er Jahren. Über Jahrzehnte strömte fast der gesamte Balkan- und Griechenlandverkehr über diese Strecke. Die meisten Abschnitte sind in den letzten Jahren saniert worden und in gutem Zustand, daher sollte man dem gängigen Vorurteil, diese Strecke sei lebensgefährlich, keinen Glauben schenken. Bei Regen und Wind ist Vorsicht aber angebracht. Längsfräsungen, die Aquaplaning vermeiden sollen, sind für Motorradfahrer nicht ungefährlich.

ÜBERNACHTUNG

Hotel Piran
Stjenkova 1, SI-6330 Piran
Vielleicht das schönste der kleinen Altstadthotels in Piran. Eine liebenswerte Unterkunft.
www.hotel-piran.si
GPS 45.52807, 13.56688

Novi Spa Hotels & Resort
Kralja Tomislava 4, HR-51250 Novi Vinodolski
Große Zimmer, weitläufige Anlage, viel Wellness sowie die wahrscheinlich schönste Hotellobby Kroatiens mit Traumblick auf die Kvarner Bucht.
www.novi.hr
GPS 45.12525, 14.79314

Villa Pavlinka
Kardinala Stepnica 19, HR-23242 Posedarje
Am Meeresarm von Novigrad befindet sich diese familiär geführte Pension mit eigenem Restaurant und Privatstrand. **www.villa-pavlinka.de**
GPS 44.21573, 15.50785

KOMBINATIONSMÖGLICHKEITEN

Ein ganzes Stück von der Jadranska Magistrala fehlt in Split noch. Dieses wird in Tour 2 auf den folgenden Seiten beschrieben.

NOLAN

Hochburg der **Piraten**

Der zweite Abschnitt der Jadranka Magistrala zwischen Split bis hinein nach Montenegro ist gleichsam ihr Filetstück, denn sie verläuft – wie es sich für eine Küstenstraße gehört – in weiten Teilen konsequent an der blau-schimmernden Adria vorbei, gönnt sich aber auch manch interessanten Abstecher.

Abendsonne mit Blick auf die nahe Insel Korčula.

TOUREN-STECKBRIEF

START- UND ZIELORT
Split (43.50728, 16.43992)
Čilipi (42.54914, 18.29323)

STRECKENLÄNGE
ca. 246 km

DAUER DER TOUR
4-6 Stunden, Empfehlung für diese Tour: 1-2 Tage

ROADBOOK
Split, Omiš, Baška Voda, Ploče, Neretva-Delta, Duboko, Neum (BIH), Dubrovnik, Cavtat, Čilipi

HIGHLIGHTS
Das ehemalige Piratennest Omiš (43.44561, 16.69032) befindet sich an der Mündung der Cetina in die Adria und verströmt immer noch eine leicht morbide Atmosphäre. Nicht unbedingt schön, aber außergewöhnlich ist das kurze Küstenstück von Bosnien und Herzegowina mit dem Hauptort Neum (42.92317, 17.61609).

Pause im Ort Cavtat.

Sarajevo
Šibenik
Split
Mostar
Foggia
Andria
Bari
Brindisi
Taranto
Lecce
A1
E65
8
1
E71
17
19
18
E73
E55
E90
14
E45
3

Von *Split* aus genießt man auf diesem südlichen Teil der *Jadranska Magistrale* schon auf den ersten Kilometern erneut Kurven satt mit herrlichsten Panoramausblicken. Einen ersten Stopp wert ist die Stadt *Omiš*, die einst ein berüchtigtes Piratennest gewesen ist. Deren Freibeuter des Meeres galten für Jahrhunderte als die grausamsten des ganzen Mittelmeerraumes. Unzählige Handelsschiffe passten sie auf auf ihrem Weg über die Adria ab, raubten sie aus und ermordeten deren Besatzung.

Selbst die streitbaren Venezianer fürchteten sich vor ihnen und schlossen im neunten Jahrhundert sogar einen Nichtangriffspakt mit den Omišern. Auf diesen ließen sich die Piraten allerdings nur unter der Bedingung ein, dass Tribut gezahlt wurde, um die Schiffe unbeschadet über diesen Teil der Adria lenken zu dürfen. Damit führten sie damals so etwas wie eine Maut auf dem Seeweg ein.

Blutige Schlachten

Alle anderen waren vor ihren Gräueltaten allerdings nicht sicher, weil sie sich weigerten zu zahlen. So legten die Piraten sich sowohl mit den Byzantinern als auch Kaiser Barbarossa an. Dies rief irgendwann die Päpste des Heiligen Römischen Reiches auf den Plan, die Kriege gut hießen. Die Schlacht von 1221 konnten die Piraten noch gewinnen, 66 Jahre später wurden sie dann allerdings von ihren Gegnern empfindlich geschlagen, was ihrer Herrschaft einen deutlichen Dämpfer bescherte. Ganz von der Bildfläche verschwanden sie aller-

dings nicht. Noch bis 1797 waren sie immer wieder aktiv, bis die Bevölkerung von Omiš dann letztendlich die Autorität Venedigs anerkannte.

Seit dieser Zeit zeigen sich die Einwohner friedlich und freuen sich heute auf auswärtige Besucher. Natürlich kann man ganz unbesorgt in den privaten Unterkünften oder kleinen Pensionen in der Stadt Halt machen und die Gastfreundschaft genießen. Dies ist an dieser Stelle der Küstenstraße aber auch unabdingbar, denn die Zahl der Hotels ist äußerst begrenzt. Und ein wenig stolz sind die Omišer auf ihre renitenten Vorfahren natürlich trotzdem. So wird alljährlich im August ein großes, mehrtägiges Piratenfest organisiert, bei dem historische Schlachten von hunderten von Teilnehmern nachgespielt werden.

Die Piraten sollen seinerzeit allerdings auch begnadete Schiffsbauer gewesen sein. Ihre Segelschiffe nannten sie Strijele (deutsch Pfeile). Das besondere an ihnen war die Eigenschaft, dass sie nur wenig Tiefgang hatten, klein und damit besonders schnell und wendig waren. Dies ist der geographischen Besonderheit von Omiš geschuldet. Die Stadt befindet sich direkt an der Stelle, wo der Fluss Cetina in die Adria hineinfließt.

Flucht ins Hinterland

Die Piraten konnten den Fluss als Fluchtmöglichkeit ins Landesinnere nutzen, da sie an der Mündung eine im Wasser gelegene Mauer gebaut hatten. Deren Öffnung war nur für ihre eigenen Schiffe groß genug, die der Feinde kamen nicht durch sie hindurch. >

Blick auf die Mündung der Cetina in die Adria bei Omiš.

In Gradac endet die Makarska Riviera.

Im weiteren Verlauf der Jadranska Magistrala sind es dann wieder die landschaftlichen Eindrücke, die einen begeistern können. Mit Brela hat man schließlich den Küstenabschnitt mit Namen ***Makarska Riviera*** erreicht. Zur Rechten blickt man auf die Inseln *Brač* und *Hvar* und zur linken auf das dramatisch ansteigende *Biokovo-Gebirge*. Die Makarska Riviera wird völlig zu Recht gerne mit der französischen *Côte d'Azur* verglichen.

Die Landschaft ist sogar noch ein wenig imposanter, denn die Küstenstraße, die die Bergwelt von den Städtchen und ihren Stränden trennt, ist im Gebiet der gut 45 Kilometer langen Makarska Riviera recht schmal. Dadurch sieht die Landschaft des Biokovo mit seinen insgesamt 16 Gipfeln über 1400 Metern wahrlich imposant aus. Das grau-weiße Kalkgebirge ist küstenseitig kaum bewachsen und ragt steil in luftige Höhe hinauf.

AUTOREN-TIPP

Es gilt als eines der bestgehüteten Geheimnisse Kroatiens: In der **STADT VID** können seit einigen Jahren die Überreste der antiken Stadt Narona, einer bedeutenden antiken Handelsstadt und römischen Kolonie besichtigt werden. Narona wurde vermutlich 400 v. Chr. von den Griechen gegründet. Nach der römischen Eroberung im Jahr 33 v. Chr. wurden hier ein Forum, diverse Tempel, Thermen und auch ein Theater erbaut. Teile dessen sind im 2007 eröffneten Museum zu bewundern, das sich auf dem historischen Grund befindet. **www.a-m-narona.hr**

Dichte Kiefern

Touristisch überaus bedeutend ist der Ort *Baška Voda*. Dieser ist vor allem für den Familienurlaub prädestiniert

– dies gilt übrigens für alle Städtchen an der Makarska Riviera. Die Strände sind hier durchgängig mit Schatten spendender Kiefernbewaldung angelegt, so dass man sich die Anmietung teurer Sonnenschirme meist schenken kann. Allerdings ist die Mitnahme von Strandsandalen nicht nur für empfindliche Kinderfüße empfohlen, da die Kiesel teilweise recht spitz sind.

Sonnenbad im Örtchen Bratuš an der Makarska Riviera.

Prämiertes Hotel

Der Aufstieg des ehemaligen Fischerdorfes Baška Voda begann in den 1930er Jahren, als die Gebrüder Sikavica das erste Hotel eröffneten. Das heute noch existierende Slavija wurde schnell populär. Bei der Weltausstellung in London konnte es im Jahre 1936 sogar eine Goldmedaille für „Komfort, Küche und Weine" einheimsen.

Zu jener Zeit wurde auch eine Gesellschaft zur Verschönerung des Ortes gegründet, die bis heute auf die optische Darstellung Einfluss nimmt. Der

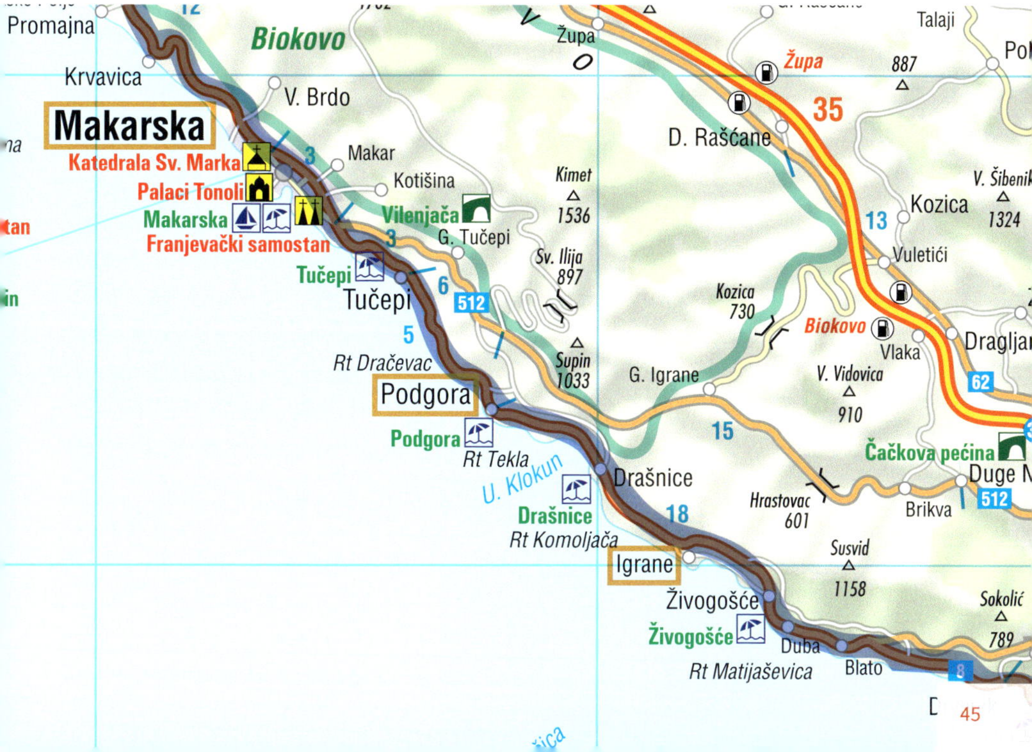

Eine Bootstour auf der Neretva ist ein interessanter Zeitvertreib.

Erfolg gibt dem Konzept recht, denn vor einigen Jahren wurde Baška Voda mit der „Blauen Blume“, der höchsten touristischen Auszeichnung Kroatiens, prämiert.

Wer die Annehmlichkeiten des Strandlebens mit Kultur verbinden möchte, muss gar nicht weit fahren – nur etwa zehn Kilometer weiter findet sich die Stadt *Makarska*, der die etwa 45 Kilometer lange Riviera ihren Namen verdankt. Ihre Wurzeln können bis ins erste Jahrhundert zurückverfolgt werden.

Die Lage machte sie begehrt, so dass die Menschen mit wechselnden Machthabern zu tun hatten: Mal hatten die Römer, dann die Kroaten, lange Zeit die Türken, aber auch die Venezianer und die unvermeidlichen Habsburger hier das Sagen. Obwohl diverse Kriege, aber auch das Erdbeben von 1962, der Stadt reichlich zusetzten, lohnt sich ein Bummel durch die erstaunlich gut erhaltene Altstadt.

Das Neretva-Delta wird von dem mächtigen Fluss bestimmt.

Breites Neretva-Delta

In Gradac endet die Makarska Riviera, ähnlich spektakulär geht es aber noch bis *Ploče* weiter. Dann verzieht sich die D8 allerdings plötzlich ins Landesinnere und schlängelt sich parallel zum Fluss, der hier in die Adria mündet durch das breite *Neretva-Delta*.

Kroatisches Kalifornien

Die Neretva gilt eigentlich als bedeutendster Fluss des Nachbarlandes Bosnien und Herzegowina. Von seinen 225 Kilometern befinden sich zwar nur 22 auf kroatischem Staatsgebiet, doch diese haben es in sich: sowohl optisch als auch wirtschaftlich. In Jahrmillionen ist hier eine ungewöhnliche Landschaft entstanden, die sich durch mehrere Flussarme zieht und aus weitläufigen Sumpfgebieten besteht. Da dieses naturgemäß kaum bewässert werden muss, gehört es zu den fruchtbarsten Regionen in ganz Kroatien.

Neben Oliven, Pfirsichen und Orangen wachsen und gedeihen hier vor allem Mandarinen. Aus den geschätz-

Ein Mini-Teil der Küstenstraße gehört zu Bosnien und Herzegowina.

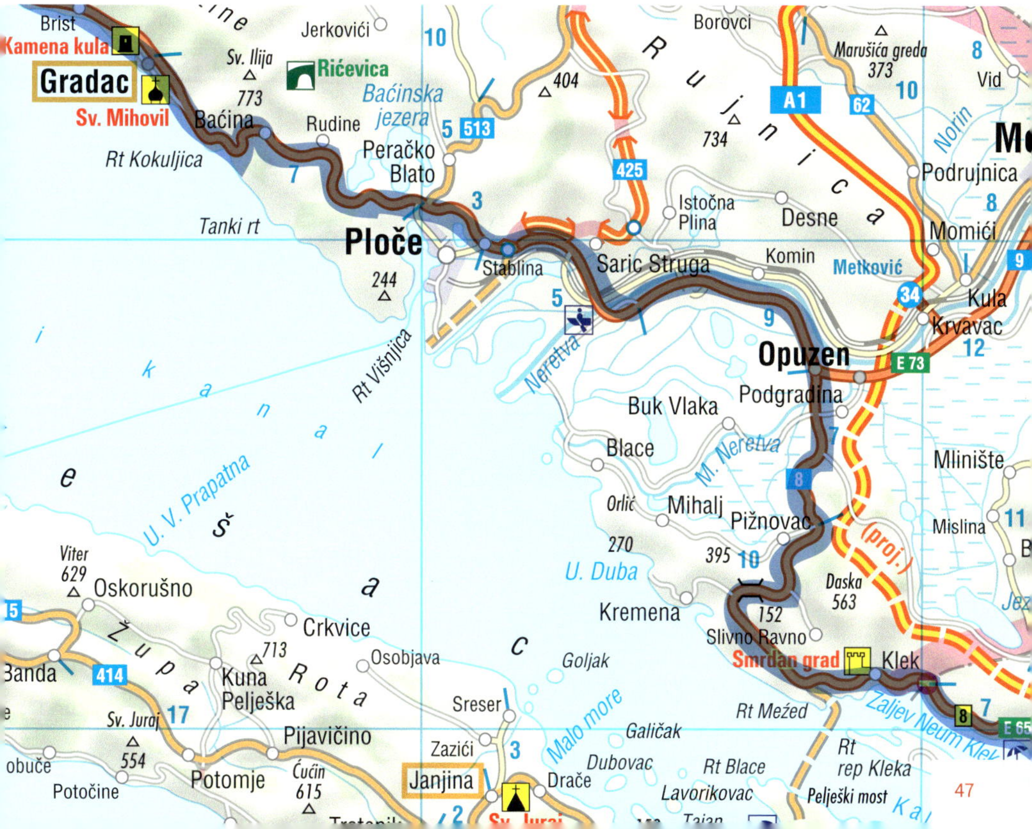

Südlich von Cavtat ist das Ende der kroatischen Magistrala erreicht.

ten 1300000 Mandarinenbäumen werden jährlich bis zu 60000 Tonnen Obst gepflückt, was dem Neretva-Delta den Beinamen kroatisches Kalifornien einbrachte. Die findigen Bewohner sind vor einigen Jahren auf die Idee gekommen, sich für die Ernte Hilfe zu suchen, indem sie diese als touristische Attraktion vermarkten. Immer im Spätherbst (je nachdem, wie die Saison verlaufen ist, zwischen Ende September und Mitte Oktober) kann man hier nun für einen oder mehrere Tage mit anpacken. Wer dies nicht möchte,

kann auch eine Bootstour buchen oder einfach auf seinem Motorrad das ungewöhnliche Gebiet erobern.

In *Duboko* trifft die Magistrale wieder aufs Meer, und nur einen Katzensprung später ist dann die Grenze zu *Bosnien und Herzegowina* erreicht – und damit ein ganz besonderes Kuriosum. Seit Kroatiens EU-Beitritt ist dies nämlich eine Außengrenze. Dabei ist der Küstenstreifen, den die Kroaten als Kriegszugeständnis an ihre Nachbarn abtreten mussten, nur knapp über neun Kilometer lang; schon ist man wieder aus Bosnien und Herzegowina raus. Zwei Grenzübertritte auf weniger als 10 000 Metern – wo gibt es das schon? Daher muss unbedingt an die entsprechenden Dokumente gedacht werden. Neben einem gültigen Personalausweis für Fahrer und Sozia ist die Grüne Versicherungskarte zwingend vorgeschrieben. Wer letztere nicht dabei hat, kann an der Grenzstation wahlweise umkehren oder sie für teuer Geld käuflich direkt vor Ort neu erwerben.

Viel besuchte Altstadt

Man könnte das ganze damit umgehen, in dem man sich per Fähre auf die *Halbinsel Pelješac* begibt, diese einmal durchquert und an ihrem Ende bei *Ston* wieder auf die Küste trifft (siehe Tour 9). Doch die Idee ist es ja auf der Jadranska Magistrala zu bleiben. Der Weiterfahrt nach *Dubrovnik* ebnet die majestätische *Franjo-Tuđman-Brücke* den Weg. Die viel besuchte Altstadt ist ein beliebtes Reiseziel, wenngleich zu Stoßzeiten auch entsprechend überlaufen. Entsprechend eng geht es daher schon auf den schmalen Zufahrtsstraßen zu.

Čilipi bei *Cavtat* ist Kroatiens südlichste Stadt – und das offizielle Ende des kroatischen Teils der Jadranska Magistrala. Diese geht allerdings noch etwas weiter: Die nächste Grenze liegt inmitten einer toskanisch anmutenden Landschaft. Mit dem Übertritt nach *Montenegro*, der sich aufgrund der vorgeschriebenen Zollkontrollen leider auch für Motorradreisende meist sehr langwierig gestaltet (aus-

Die Altstadt von Dubrovnik.

Čilipi ist der südlichste Ort Kroatiens.

reichende Zeit dafür einplanen) wird aus der D8 nach 658 Kilometern wieder eine M-2, wie schon zu Titos Zeiten. Der Rest der Magistrala führt zunächst um die Bucht von Kotor. Die Originalstrecke verläuft dabei am südlichen Ufer, Fährüberfahrt inklusive. Über *Budva* geht es dann auf das allerletzte Teilstück.

EXTRA-TIPP

2011 etablierte der perfekt Deutsch sprechende Krsto Niklanović in seinem **Resotoran Jadran** im montenegrinischen Budva einen Anlaufpunkt für Motorradfans. Es gibt nicht nur tolles Essen, sondern auch urige Atmosphäre.

www.beerbikeclub.com

Ende am Strand

Über ***Petrovac*** und ***Bar*** gleitet die Jadranska Magistrala unaufhaltsam ihrem Ende zu, das viele am Abzweig zur Altstadt von *Ulcinj* sehen. Manche meinen aber, es läge 15 Kilometer weiter auf der Insel *Bojana*, auf beiden Seiten von der Mündung der ***Buna*** umflossen, wobei der östliche Arm auch die Grenze zu *Albanien* darstellt. Wenn dem so ist, so hätte das durchaus seinen Reiz, denn die Stichstraße endet an einem tollen Strand … ◄

INFOS ZUR TOUR

CHARAKTERISTIK

Die meisten Abschnitte der Küstenstraße sind in den letzten Jahren saniert worden und in gutem Zustand. Der südliche Teil der Magistrala ist da keine Ausnahme. Aber auch hier gilt: Bei Regen und Wind ist Vorsicht angebracht. Da man auf einem kurzem Abschnitt gleich zwei Mal die Grenze von Bosnien und Herzegowina passiert, muss unbedingt an die entsprechenden Papiere (Perso, Fahrzeugschein und Grüne Karte) gedacht werden. Sie sind zwingend mitzuführen. Üblicherweise werden auch Motorradreisende kontrolliert.

ÜBERNACHTUNG

Hotel Villa Dvor

Mosorska cesta 13, HR-21310 Omiš

Das familiär geführte Hotel begeistert vor allem mit seiner Lage: Es thront am steinigen Hang des Mosor-Gebirges oberhalb der Mündung von Cetina in die Adria in Omiš.

www.hotel-villadvor.hr

GPS 43.44693, 16.69251

Grand Hotel Slavija

Obala Sv. Nikole 71, HR-21000 Baška Voda

Das Hotel stammt aus den 1930er Jahren und begründete den touristischen Aufstieg der Makarska Riviera. 2016 wurde es komplett renoviert.

www.hoteli-baskavoda.hr

GPS 43.35703, 16.94884

Hotel Cavtat

Tiha 8, HR-20210 Cavtat

Modernes Hotel mit tollem Meerblick und hübschen Zimmern.

www.hotel-cavtat.hr

GPS 42.84674, 17.70483

KOMBINATIONSMÖGLICHKEITEN

Wer eine schöne Alternative zur reinen Küstenstraße einbauen und sich das Zwischenstück über Bosnien und Herzegowina sparen möchte, kann in Ploče per Fähre auf die Halbinsel Pelješac übersetzen. An ihrem südlichen Ende trifft sie wieder auf die Magistrale (Tour 9).

Für **Fein-schmecker**

Trüffel, Oliven und feine Weine stehen auf der Halbinsel Istrien schon seit geraumer Zeit hoch im Kurs. Davon profitieren die Reisenden, schließlich sind die Delikatessen hier doch um einiges günstiger als vergleichbare aus dem nahen Italien. Motorradfans finden auf der Westseite zudem noch ganz andere Leckereien

Kurvenspektakel an der Ruinenstadt Dvigrad.

TOUREN-STECKBRIEF

BASISORT
Rovinj (45.07721, 13.63918)

STRECKENLÄNGE
ca. 338 km

DAUER DER TOUR
7-9 Stunden, Empfehlung: zwei Tagesabschnitte

ROADBOOK
Rovinj, Limski-Žaljev, Grožnjan, Buje, Umag, Savudrija, Portorož, Piran, Livade, Motovun, Buzet, Hum, Pazin, Dvigrad, Rovinj

HIGHLIGHTS
Grundsätzlich sind schon dieStädte Rovinj und Piran einen eigenen Urlaub wert. Im Limski-Žaljev werden Fans von Fjorden und Austern glücklich. Die mittelalterlichen Dörfer im Mirna-Tal thronen fast alle sehr pittoresk auf einem Hügel und im Künstlerdorf Grožnjan scheint die Zeit stehen geblieben zu sein.

Der Bick auf das slowenische Piran zeigt die ganze Pracht dieser Küstenperle.

Golfo di Trieste
Tržaški zaliv
Koprski zaliv
Piranski zaliv
Muggia
Múggia
Debeli rtič
KOPER/CAPODÍSTRIA
IZOLA/ÍSOLA D'ISTRIA
PIRAN/PIRANO
PORTOROŽ/PORTOROSE
Sečovlje
Aerodrom Portorož
Umag
Umago
Buje/
Buie
Bujština
Grožnjan
Grisignana
Motovun
Montona
Istarske Toplice
Buzet
Hum
Lupoglav
Novigrad/Cittanova d'Istria
Tar/Torre
Poreč/Parenzo
Vrsar/Orsera
ROVINJ/ROVIGNO
Limski zaljev
Limska draga
Pazin
Beram
Žminj
Gimino
Kanfanar
Svetvinčenat
Barban
Raša
Vodnjan
Galižana
Fažana
Fažanski kanal
Nacionalni park Brijuni
Marčana
Podgorski Kras
Čičarija
Brkini
Matarsko polje
SLOVENIJA
HRVATSKA
Butoniga jezero
Raška Draga
Jadranska magistrala
Kozina
Hrpelje
Hrastovlje
Štrped
Kaštel u Pazinu
Pazinske jame
Aerodrom
more

Dicht bebaut ist das Zentrum von Rovinj.

Rovinj liegt zentral auf etwa halber Höhe an der Westküste von Istrien. Doch dies ist nicht der einzige Grund, warum sie als Ausgangsbasis für die beiden in diesem Reiseführer beschriebenen Touren quer durch die kroatische Halbinsel auserkoren wurde. Sie ist ein wahrlich schmuckes Städtchen, welches durchaus zurecht gerne auch als „Perle Istriens" bezeichnet wird.

Die Erkundung der Auto- und Motorradfreien Altstadt – per Pedes – ist daher äußerst lohnenswert. Schlussendlich ist die Infrastruktur sowohl in punkto Übernachtung als auch bezüglich abendlichen Unternehmungen nach den Touren mehr als perfekt.

Für die hier beschriebene Istrien-West Tour ist schon nach knapp zehn Kilometern in nördlicher Richtung der erste Halt am ***Limski-Kanal*** vorgesehen. Im Kroatischen heißt er ***Limski Žaljev*** (also Lim-Bucht), wird von Touristen und durchaus auch Einheimischen aber gerne auch ***Limski-Fjord*** genannt.

Fjordähnliche Landschaft

Das ist allerdings Unfug, denn per Definition entstanden Fjorde vor Jahrtausenden aus in der Eiszeit geschmolzenen Gletschern, die es in Kroatien allerdings niemals gegeben hat. Geologisch betrachtet handelt es sich um eine „Ria", also um eine Meeresbucht, die durch das Eindringen des Meeres in ein Flusstal entstanden ist. Nichtsdestotrotz muss sich die Lim-Bucht hinter den bekannten, tatsächlich existierenden Fjorden wie etwa in Norwegen rein optisch keinesfalls verstecken.

Die Bucht zieht sich fast zwölf Kilometer ins Land hinein und ist auf beiden Uferseiten von dicht bewaldeten Hängen gesäumt. Zudem bietet sie durch das Aufeinandertreffen von Süßwasser aus dem Lim-Bach und dem eindringenden salzigen Meerwasser beste Zuchtmöglichkeiten für Austern. Diese sollte man in der Saison (von September bis April) hier unbedingt probieren, sind sie doch eine Rarität in Kroatien. Die Lim-Bucht bietet neben *Ston* in Süddalmatien (siehe Tour 9) die einzige Austernaufzuchtstation in ganz Kroatien. In einigen Buden kann die Leckerei als Fast Food der besonderen Art gekostet werden. Wer möchte, kann auch der einen oder anderen Austernfarm auf Anfrage einen Besuch abstatten.

Die nun folgenden Kilometer führen schnurstracks weiter in den Norden. Im Grunde genommen hält man sich immer parallel zur A 9, die Eilige für den Weg nach Slowenien nehmen, nutzt die Autobahn aber natürlich nicht, denn die kleinen Straßen führen immer wieder durch beschauliche kleine Örtchen und bieten sehr viel mehr Fahrvergnügen.

Tiefrote Erde

Während der Fahrt sollte man sich den Boden am Wegesrand etwas näher ansehen, denn diese Ecke des Landes ist rot. Nicht irgendwie rötlich oder ockerfarben, nein tiefrot. Und bei Sonnenschein sogar leuchtend rot. Wenig überraschend lautet die korrekte wissenschaftliche Bezeichnung „terra rossa". Im gesamten Mittelmeerraum kommt diese Art von Erde, die in der Hitze des Sommers austrocknet, aber dennoch ausreichend Wasser für landwirtschaftliche Erzeugnisse speichern kann – vor. In Kroatien ist sie

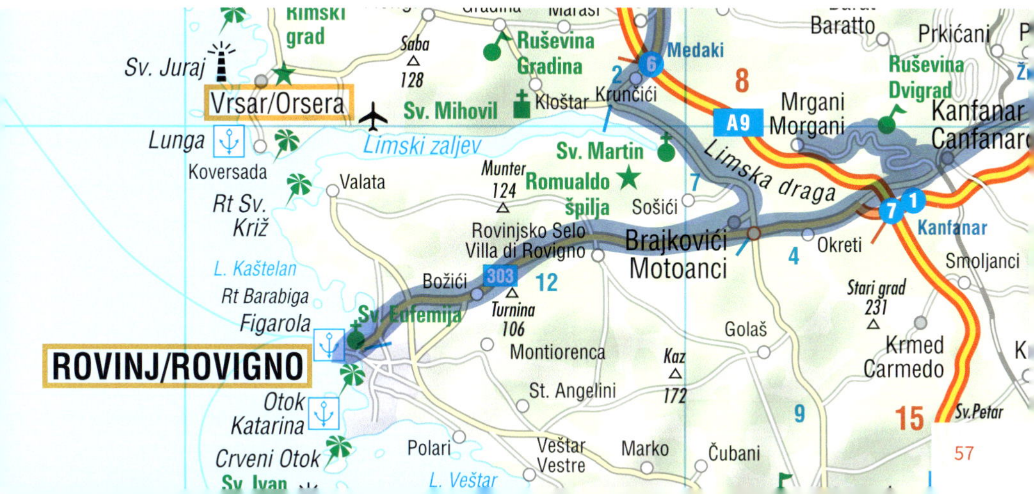

aber lediglich in diesem Teil Istriens zu finden. Hier ist sie für die gute Qualität der Weine und edelster Olivenöle mitverantwortlich.

Der nächste Stopp führt ins urige Künstlerdorf *Grožnjan*. Es wurde Anfang des zwölften Jahrhundert erbaut und erlebte seine Blütezeit unter den Venezianern. Trotzdem wäre er beinahe von der Bildfläche verschwunden – im wahrsten Sinne des Wortes.

Künstler als Retter

Nach dem Zweiten Weltkrieg waren fast alle Gebäude verlassen. Einer Künstlergruppe ist es letztendlich zu verdanken, dass dort heute wieder Leben herrscht. 1965 entdeckte ein Bildhauer das mittelalterliche Kleinod. Gemeinsam mit einigen Kunstfreunden besiegelte er mit Politikern des Verwaltungsgebiets folgenden Deal: Sie renovierten, restaurierten und hielten die Gebäue in Stand, dafür durften sie diese auch mietfrei nutzen.

Das Konzept ging auf: Im Laufe der Jahre fanden immer mehr Menschen Gefallen an dieser Idee. Und bis heute dürfen Besucher den Künstlern, egal ob bildenden oder musikalischen, über die Schulter schauen. Natürlich gibt es auch eine stattliche Auswahl an Konobas (Restaurants) und Cafés.

Ab hier ändert sich die Landschaft abermals. Nun cruist man durch eine wellenförmige Landschaft, immer vorbei an mit Wein angebauten Hügeln, die von Olivenhainen umsäumt sind.

Auf vielen dieser Hügel thronen schon von weitem gut sichtbare Orte, die sich auch in ihrem Inneren größtenteils sehr schmuck präsentieren. Ein weiterer Halt lohnt in einem von ihnen, dem nur nur zwölf Kilometer vom Grožnjan entfernten ***Buje*** mit seiner mittelalterlichen Stadtmauer.

Alter Leuchtturm

Wenig später ist ein Schwenk in westlicher Richtung vorgesehen, mit dem man wieder das Meer im Blick hat. In ***Umag***, Sportfans kennen die Stadt vielleicht als Austragungsort des Tennisturniers Croatian Open, trifft man auf die Küstenstraße, die sich fast bis an das nordwestlichste Kap Istriens zieht. Vom Parkplatz sind es nur ein paar Meter zum ***Savudrija-Salvore***, dem nördlichsten Leuchtturm in Kroatien. Er ist auch der älteste noch aktive an der Adriaküste. Schon 1817 wurde mit dem Bau des 36 Meter hohen und damit weithin sichtbaren Schifffahrtszeichen begonnen.

Dieser Teil des Landes gehörte damals noch zur Doppelmonarchie

Die mittelalterliche Stadt Buje lohnt einen Besuch.

Grüne Hügellandschaften prägen das Bild dieses Teils von Istrien.

Österreich-Ungarn. Kaiser Franz I. war bei der feierlichen Eröffnung zugegen. Für den Bau wurde Material aus einem Steinbruch in Strandnähe entnommen, welches direkt vor Ort bearbeitet wurde.

Nach einem Jahr ging er am 17. April 1818 in Betrieb. Außerdem war er der weltweit erste Leuchtturm, der für seine Beleuchtungsanlage Gas aus der Pyrolyse (eine Art trockene Destillation) von Steinkohle verwendete; diese kam aus Steinkohlengruben an der Ostküste Istriens hierher.

AUTOREN-TIPP

IRENA FONDA füttert in der Bucht von Piran ihre Wolfsbarsche per Hand. Lohn der Mühe ist außergewöhnlich hohe Qualität. Sie führt die einzige maritime Fischzucht Sloweniens. Die Tiere können vor Ort frisch und geräuchert gekauft werden. **www.fonda.si**

Es gibt aber auch eine traurig-schöne Legende zum Methusalem unter den Leuchttürmen: So soll ein Graf sich in eine junge, hübsche Adelige aus der Region verliebt haben und den Plan gefasst haben, mit ihr gemeinsam in dem ihr zu Ehren errichteten Leuchtturm zu wohnen. Just an dem Tag der Fertigstellung verstarb sie plötzlich. Der Graf war untröstlich und kehrte nie wieder zurück nach Savudrija.

Olivenöl der Extraklasse

Östlich vom Ortskern kommen Olivenölfans bei der Farma Jola auf ihre Kosten, wenn sie den Produzenten denn einen Besuch abstatten. Jolanta Pavlović stellt gemeinsam mit ihrem Sohn Michael dort seit einigen Jahren Produkte der Spitzenklasse – auf rein biologische Art und Weise – her. Von hier aus kann man das Nachbarland

Slowenien, zu dem es als nächstes geht, schon sehen. Ziemlich exakt 20 Kilometer trennen einen hier noch von der mondänen Küstenstadt ***Portorož***, die sich bereits ab Mitte des 19. Jahrhunderts als beliebter Kurort, vor allem bei österreichischen Gästen, einen Namen machen konnte.

Nachdem man die Grenzstation passiert hat, kommt man automatisch an den Salinen von ***Sekovlje*** vorbei, in denen Tonnen von Salz gewonnen werden. Über einen Ortskern verfügt der beliebteste Urlaubsort an der kurzen slowenischen Adriaküste (sie ist nur 46 Kilometer lang) nicht. Das Bild präsentiert sich wie folgt: auf der einen Seite Meer mit Strandpromenade auf der anderen eine Aneinanderreihung von Hotels und in der Mitte verläuft die Hauptstraße.

Nur mit Sondergenehmigung darf man durch Piran fahren.

Offiziell handelt es sich bei Portorož nur um einen Ortsteil des nördlich gelegenen ***Piran***, das einen etwas längeren Rundgang wert ist. Die Altstadt erstreckt sich auf einer etwa einen Kilometer langen, spitz zulaufenden Landzunge. Um diese in Augenschein zu nehmen, muss das Motorrad allerdings auf dem großen Parkplatz vor den Toren der Stadt geparkt werden. Es wird darauf geachtet, das Zentrum als reine Fußgängerzone zu bewahren. Lediglich zur An- und Abreise in vorab gebuchten Hotels ist die Zufahrt für wenige Minuten erlaubt. Mit dem Shuttlebus ist man dann aber schnell vor Ort.

Piran präsentiert sich mit seinen schmalen Gassen und größtenteils denkmalgeschützten Häuserfassaden als Musterbeispiel italienisch-venezianischer Bauweise. Im Zentrum dreht sich fast alles um Giuseppe Alessandro Feruccio Tartini. Der Mann, der als Komponist und Violinist, oder als „der Teufelsgeiger", noch zu Lebzeiten in die

Der Leuchtturm in Savudrija ist der älteste Kroatiens.

Tartini-Platz mit Denkmal des Teufelsgeigers in Piran.

Annalen der Musikgeschichte einging, wurde im Jahre 1692 in Piran geboren. Die Stadt stand damals noch unter venezianischer Herrschaft, so dass Tartini in sämtlichen Lexika als Italiener aufgeführt ist. Dafür verschweigen die Piraner gerne, dass ihr berühmter Sohn 1770 in Padua verstarb.

Protzen können sie mit ihrem Tartini-Platz, dem mit schmucken, weißen Steinen gepflasterten Hauptplatz. An einer seiner Ecken befindet sich ein nicht zu übersehendes Denkmal. Eines der ältesten Häuser ist sein Geburtshaus.

Galerie im Freien

Kunstliebhaber sollten einen Besuch der Halbinsel *Seča* ins Auge fassen: Bereits 1961 organisierten die Künstler Jakob Savinšek und Janez Lenas dort erstmals ein Bildhauersymposium mit internationaler Beteiligung. Eine sehenswerte Auswahl mit über 100 Skulpturen ist auf einem Hügel in der „Galerie im Freien" zu bewundern.

Dies soll es dann aber auch mit dem kleinen Schnupperausflug nach Slowenien gewesen sein. Über die gleiche Grenzstation geht es zurück in den kroatischen Teil von Istrien. Kleinen Straßen führen ins *Mirnatal*. Diese verdankt ihren Namen der Mirna,

dem mit 32 Kilometer längsten Fluss Istriens. Die Ortschaften sind alle recht klein, die meisten Einwohner verdienen ihren Lebensunterhalt mit der Produktion von Wein und Olivenölen – oder tummeln sich im durchaus lukrativen Trüffelbusiness.

Wie einträglich dieses sein kann, wird einem beim Besuch des eher unscheinbaren Städtchens *Livade* bewusst. Dort hat sich Giancarlo Zigante als „Trüffelkönig" ein riesiges Imperium erschaffen. 1999 wurde er mit einem Schlag weltweit bekannt, als er mit seiner Hündin – diese werden in Istrien traditionell statt Schweinen zur Trüffelsuche eingesetzt – im Flusswald der Mirna den größten, je gefundenen weißen Trüffel aus der Erde buddelte.

Der Pilz der besonderen Art wog 1,3 Kilogramm. Zigante bekam für ihn nicht nur umgerechnet 5000 Euro, sondern auch einen Eintrag ins Guinness-Buch der Rekorde. In Livade befindet sich mittlerweile nicht nur ein riesiges Restaurant, in das die Besucher in Bussen angekarrt hineinströmen, sondern auch ein Shop mit verschiedensten Trüffelerzeugnissen.

Wer eine kleine Pause einlegen möchte und Lust auf eine kleine Offroad-Exkursion hat, ist hier übrigens goldrichtig: Parallel zur Hauptstraße vor Zigantes Restaurant verläuft eine gut 15 Kilometer lange Schotterstraße, die man offiziell ausprobieren darf.

Toskana oder Frankreich?

Zurück auf Asphalt geht es weiter hinein in das bezaubernde Hinterland von Istrien. Gerne wird behauptet, dass es sich hier optisch um eine Art „kroatischer Toskana" handele. Dabei erinnert es tatsächlich eher an die provenzali-

Die pompöse Festungsstadt
Motovun thront auf einem 1277 Meter hohen Hügel über dem Mirnatal.

sche Drôme im Süden Frankreichs. Das Charakteristische dieser Landschaft sind die vielen kleinen Orte, die schon weithin sichtbar sind, weil sie sehr markant auf Hügeln erbaut wurden.

Dies war schon sehr früh der Fall: Die meisten waren schon zu vorrömischen Zeiten besiedelt. Vermutlich weil man von der Höhe aus Feinde frühzeitig sehen und sich entweder wehren oder rechtzeitig verschwinden konnte. Die pompöseste dieser Hügelstädte heißt: ***Motovun***. Sie thront auf einem steilen, isolierten Hüge 1277 Meter über dem Mirnatal. Fast ebenso hübsch ist das nicht weit entfernte ***Buzet***. Zu dessen Gemeindegebiet gehört auch ***Hum***.

Dies ist laut Guiness-Buch der Rekorde die kleinste Stadt der Welt. Die Einwohnerzahl variiert zwischen 18 und 23. Grundriss und Aussehen dieser Siedlung sind seit dem elften Jahrhundert nahezu unverändert geblieben. Hum war für lange Zeit eines der kulturellen Zentren der altertümlichen Schrift Glagoliza, die hier noch bis in die Anfänge des 19. Jahrhunderts hinein Verwendung fand.

Schrift für die Slawen

Diese gilt als älteste slawische Schrift, die auf dem griechischen Alphabet basiert, aber auch durch zahlreiche Schriften beeeinflusst wurde. Ihr Erfinder bediente sich um 860 vor allem der kaukasischen und semitischen Typographie, um eine für slawische Laute passende Schrift zu entwickeln. Die um das Jahr 1100 verfasste Tafel von Baška, eines der ältesten und bekanntesten Kulturzeugnisse der kroatischen Sprache und Geschichte, ist in glagolitischer Schrift verfasst.

Kurioserweise leistet sich die Mikrostadt einen Bürgermeister, der

Hum gilt als kleinste Stadt der Welt.

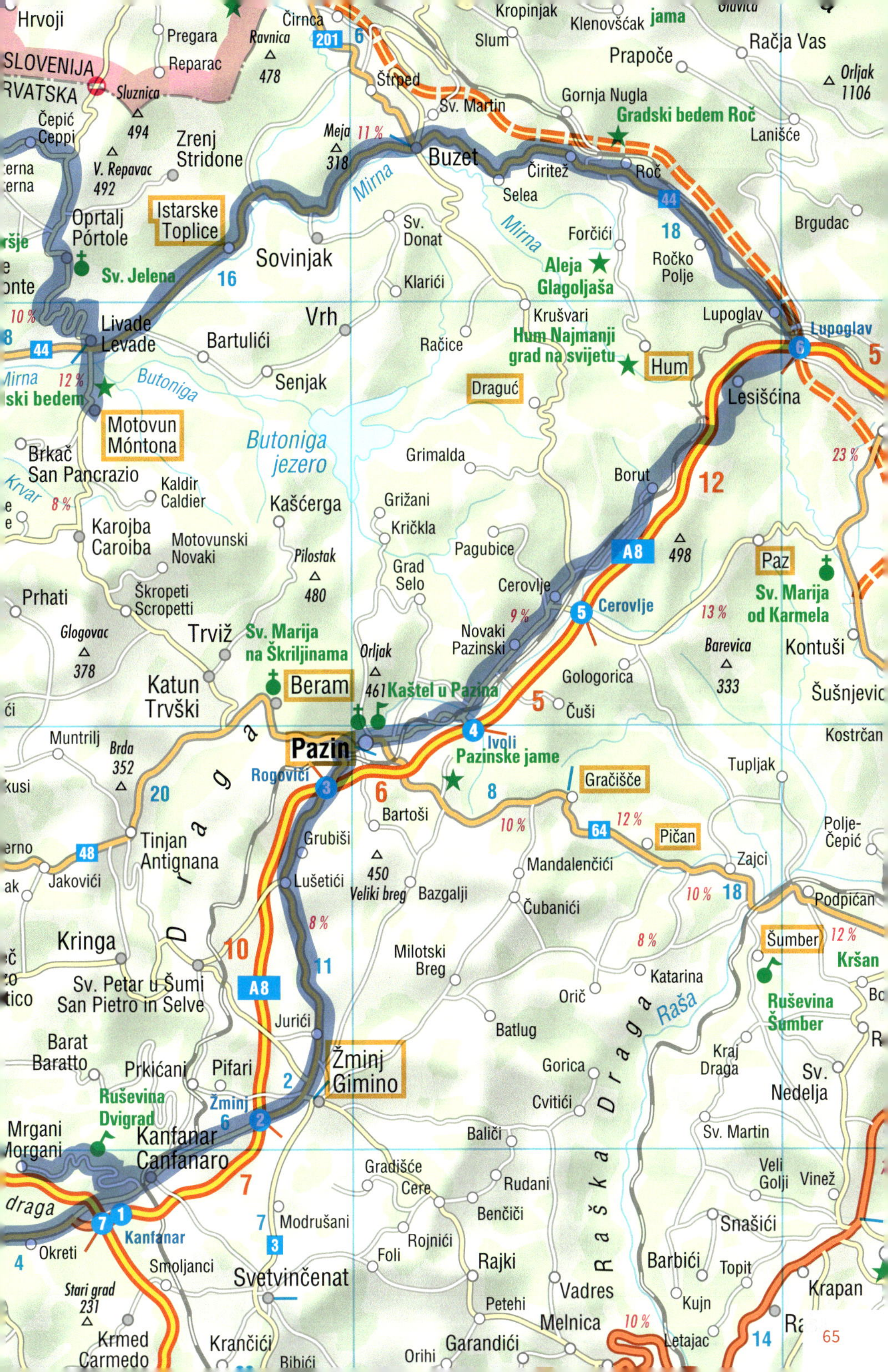

Hrvoji
Pregara
Reparac
SLOVENIJA
HRVATSKA
Sluznica
Čirnca
Ravnica
478
201
6
Kropinjak
Klenovšćak
jama
Slum
Račja Vas
Prapoče
Orljak
1106
Štrped
Sv. Martin
Gornja Nugla
Gradski bedem Roč
Lanišće
Čepić
Ceppi
494
Zrenj
Stridone
Meja
318
11 %
Buzet
Čiritež
Roč
V. Repavac
492
Mirna
Selea
44
Istarske Toplice
Oprtalj
Pórtole
Sv. Donat
Mirna
Forčići
18
Brgudac
Sv. Jelena
16
Sovinjak
Aleja Glagoljaša
Ročko Polje
Klarići
Livade
Levade
Vrh
Kršvari
Lupoglav
10 %
44
Bartulići
Račice
Hum Najmanji grad na svijetu
Lupoglav
6
5
Hum
12 %
Butoniga
Senjak
Dragué
Lesišćina
Motovun
Móntona
Butoniga jezero
Grimalda
23 %
Brkač
San Pancrazio
Borut
12
Kaldir
Caldier
Kašćerga
Grižani
8 %
Kričkla
Karojba
Caroiba
Motovunski Novaki
Pagubice
A8
498
Pilostak
480
Grad Selo
Paz
Cerovlje
Sv. Marija od Karmela
Prhati
Škropeti
Scropetti
5
Cerovlje
9 %
13 %
Glogovac
378
Tviž
Sv. Marija na Škriljinama
Novaki Pazinski
Barevica
333
Kontuši
Orljak
Katun Trvški
Beram
461
Kaštel u Pazina
Gologorica
5
Čuši
Šušnjevic
Muntrilj
Brda
352
Pazin
4
Ivoli
Pazinske jame
Kostrčan
Tupljak
Rogovići
3
6
Gračišće
20
Draga
8
Bartoši
10 %
12 %
Polje-Čepić
Tinjan
Antignana
48
Grubiši
64
Pičan
Jakovići
450
Veliki breg
Lušetići
Bazgalji
Mandalenčići
Zajci
10 %
18
Čubanići
Podpićan
Kringa
8 %
Šumber
12 %
Kršan
10
11
Milotski Breg
8 %
Sv. Petar u Šumi
San Pietro in Selve
A8
Katarina
Orič
Raša
Ruševina Šumber
Barat
Baratto
Juriči
Batlug
Kraj Draga
Prkićani
Pifari
Žminj
Gimino
Gorica
Sv. Nedelja
Ruševina Dvigrad
2
Žminj
6
2
Cvitići
Mrgani
Morgani
Kanfanar
Canfanaro
Baliči
Sv. Martin
Gradišće
Cere
Rudani
Veli Golji
Vinež
7
draga
7
1
Kanfanar
Benčiči
Modrušani
Snašići
Okreti
Rojnići
Barbići
Topit
Smoljanci
Foli
Rajki
Raška Draga
Stari grad
231
Svetvinčenat
Vadres
Kujn
Krapan
Petehi
Melnica
10 %
Letajac
14
Krmed
Carmedo
Krančiči
Orihi
Garandiči
Bibići

sogar jährlich neu gewählt wird – und zwar ganz rustikal: Jeder Einwohner erhält einen Holzstab und die Nachbarn dürfen positive Leistungen darauf mit einer Kerbe markieren. Wer am Ende des Jahres die meisten Kerben vorweisen kann, ist dann für zwölf Monate ehrenamtlicher Chef.

Mächtige Burgruine

Über ***Pazin***, dem zentralsten Ort Istriens und damit auch wichtigen Verkehrsknoten geht es dann in südwestlicher Richtung allmählich wieder zurück zum Ausgangsort Rovinj. Optisch bestimmt wird Pazin durch sein Wahrzeichen, die Burgruine Mitterburg. Schon seit mehr als 1000 Jahren wacht sie über Stadt und ihr Umland.

Doch um die Runde perfekt zu machen, sollte noch der Schwenk nach ***Dvigrad*** mitgenommen werden. Dvigrad trägt den Beinamen „verlassene Stadt", was maßlos untertrieben ist, denn lediglich Ruinen sind noch übrig geblieben. Der Überlieferung nach ist eine Pestepidemie im Jahre 1631 dafür verantwortlich, dass die Bewohner den Ort seinerzeit verließen. Wörtlich übersetzt bedeutet Dvigrad zwei Städte oder zwei Burgen. In diesem Fall sind letztere gemeint, da Überreste der vermutlich im Mittelalter erbauten Burgfestungen hier noch zu finden sind. Diese sind zwar von hohen Mauern umgeben, aber mit genügend Sinn für Abenteuer durchaus auch begehbar. Allerdings verströmen diese Bauwerke auch eine ziemlich morbide Atmosphäre.

Wie üblich ranken sich um solche Stätten gerne die kuriosesten Legenden. Die von Dvigrad ist wahrscheinlich so beliebt, weil sie mehr als unwahrscheinlich ist: Im 17. Jahrhundert soll der Waliser Sir Henry Morgan, seines Zeichens nicht nur Abenteurer, sondern auch Vizegouverneur der damals britisch besetzten Karibik, eben dort gegen die Spanier gekämpft haben.

Allerdings hat er sich auch als Pirat, Ausbeuter und Plünderer einen Namen gemacht. Dies blieb nicht ohne Folgen. In England wurde er zunächst ins Gefängnis geworfen, nach einer Weile aber doch begnadigt und offenbar zum Trost in den Adelsstand erhoben. Die Schätze seiner Raubzüge soll er eben hier in Dvigrad vergraben haben. Wie die Einwohner darauf kommen? Nur zwei Kilometer entfernt befindet sich das Örtchen Mrgani. Und die Namensähnlichkeit zu Sir Henry Morgan kann doch wohl unmöglich ein Zufall sein, oder?

Wer dies und andere Kuriositäten Istriens mit den Einheimischen näher erörtern möchte, sollte sich am Abend nach der Tour im Basisort ***Rovinj*** eine gut sortierte Bar suchen und nach einem Gläschen Captain Morgan fragen. Die bekannte Rummarke ist schließlich ebenfalls nach Henry Morgan benannt. ◄

INFOS ZUR TOUR

CHARAKTERISTIK

Diese Tour bietet kaum fahrerische Herausforderungen. Allerdings ist bei der Auffahrt ins Künstlerdorf Grožnjan Vorsicht geboten. Mehrere Wege führen den Hügel hinauf. Einige sind sehr schmal, steil und zudem geschottert, damit also nicht jedermanns Sache. Wer solche Straßen aber mag, sollte sich an der fabelhaften Schotterstraße im Trüffeldorf Livade unbedingt versuchen. Sie ist zwar nur wenige Kilometer lang, hat es aber dafür durchaus in sich.

ÜBERNACHTUNG

Hotel Lone
Ulica Luje Adamovića, HR-52210 Rovinj
Sehr stilvolles Designhotel direkt am Meer gelegen. Die Altstadt von Rovinj ist zu Fuß erreichbar.
www.maistra.com
GPS 45.07320, 13.63954

Valkanela Mobilheim
Valkanela b.b., HR-52450 Vrsar
Voll ausstatte Mobilheime mit überdachter Terrasse, zum Teil mit Whirlpools ausgestattet. Das Meer ist zu Fuß in wenigen Minuten erreicht.
www.campingrovinjvrsar.com
GPS 45.16489, 13.60709

La Parenzana
Volpia 3, HR-52460 Buje
Sehr komfortable und hübsch eingerichtete Pension in einem traditionellen Steinhaus mit hervorragender Küche.
www.parenzana.com.hr/de
GPS 45.42922, 13.64855

KOMBINATIONSMÖGLICHKEITEN

Als perfekte Ergänzung zu dieser Tour, bietet sich die in diesem Reiseführer direkt im Anschluss beschriebene Istrien-Ost Tour an. Sie führt zu weiteren Highlights auf der kroatischen Halbinsel und bietet zudem einen Abstecher in den Brijoni-Nationalpark. Alternativ kann man von Portorož aus weitere Ziele in Slowenien erkunden.

Vielfältige **Halbinsel**

Dieser Teil von Istrien bietet im Hinterland grandiose Kurvenstrecken und anspruchsvolle Serpentinen. Zudem locken altehrwürdige Städte, wie das römisch geprägte Pula oder das von Habsburgern beeinflusste Opatija. Auch der Nationalpark Brijuni-Inseln und weitere Inseln sowie an Fjorde erinnernde Buchten wollen erkundet werden. Nicht zuletzt kommen auch Offroad-Fans auf ihre Kosten.

Das schmucke Hinterland von Istrien trägt toskanische Züge.

TOUREN-STECKBRIEF

START- UND ZIELORT

Rovinj (45.07349, 13.64149)
Opatija (45.33672, 14.30799)

STRECKENLÄNGE

ca. 188 km

DAUER DER TOUR

5-7 Stunden, Empfehlung: zwei Tagesabschnitte

ROADBOOK

Rovinj, Bale, Fažana, Brijuni-Inseln, Pula, Cap Kamenjak, Medulin,Marčana, Barban, Raša-Bucht, , Labin, Rabac, Vinež, Brestova, Mošćenička Draga, Ičiči, Lovran, Opatija

HIGHLIGHTS

Der Nationalpark Brijuni-Inseln (44.91648, 13.76881) kann zwar nicht mit dem Motorrad erreicht werden, ist aber als Ausflugsziel sehr lohnenswert. Fahrerisch ist vor allem der Streckenabschnitt auf der Jadranska Magistrale im Osten der Halbinsel ein Genuss.

Fažana am Abend.

SLOVENIJA
HRVATSKA
Momjan
Momiano
Merišće
Collalto
Marušići
Buje
Grožnjan
Grisignana
Crkva Završje
Završje
Piemonte
Oprtalj
Portole
Sv. Jelena
Istarske
Toplice
Sovinjak
Buzet
Sv. Martin
Gradski bedem Roč
Roč
Čiritež
Lanišće
Slum
Prapoče
Rača Vas
Gornja Nugla
Orljak
1106
Veli Brgud
Brešca
Perka
Zvoneće
Jurdani
Brnčići
Jušići
Matulji
Mihotići
Volosko
Opatija
Ičići
Veprinac
Lovran
Lovranska
Draga
Medveja
Kraj
Mošćenička Draga
Mošćenice
Učka planina
Učka-Tunnel (5km)
Vranja
Lupoglav
Lesišćina
Brest
pod Učkom
Vela Učka
Vojak
1401
Liganj
Hum Najmanji grad na svijetu
Hum
Aleja
Glagoljaša
Forčići
Ročko
Polje
Kruševari
Račice
Vrh
Bartulići
Senjak
Dragué
Motovun
Móntona
Gradski bedem
Livade
Levade
Kostanjica
Castagna
Baredina
Lozari
Ponte-Porton
Žudetići
Vižinada
Visinada
Brkač
San Pancrazio
Karojba
Caroiba
Butoniga
jezero
Kašćerga
Grimalda
Borut
Pagubice
Cerovlje
Novaki
Pazinski
Gologorica
Čuši
Beram
Kaštel u Pazinu
Pazin
Pazinske jame
Gračišće
Pičan
Tuplják
Kostrčani
Šušnjevica
Kontuši
Paz
Sv. Marija
od Karmela
Barevica
333
Tinjan
Antignana
Katun
Trvški
Tríviž
Sv. Marija
na Škriljinama
Zajci
Podpićan
Kršan
Šumber
Ruševina
Šumber
Boljevići
Vozlići
Brestova
Plomin
Polomin
Luka
Rt. Mašnjak
Plominska Luka
Štrmac
Labin
Gornji
Rabac
Rabac
Krapan
Raša
Most Raša
Brgod
Trget
Duga Luka
Crni
Drenje
Sv. Marina
Ostri
531
Ravni
Vlakovo
Diminići
Viškovići
Brovinje
Skitača
Koromačno
Zamek
Turanj
Rakalj
Rakalj
kaštel
Ubac
Rt Ubac
Rt Crna Punta
Raški
zaljev
Krnica
Peruški
Šegotići
Pavićini
Kavran
Valtura
Rt Mulac
Rt Arne
Rt Seka
Luka Budava
Rt Cuf
Rt Sv. Stipan
U. Kale
Grabrovići
Lližnjan
Rt Munat veliki
Rt Uljeva
Marlera
Rt Marlera
Veliki
Levan
Medulinski
zaljev
Medulin
Nesactum
Kvarner
Vela Vrata
Porozina
Filozići
Dragozetići
Rt. Kobij
Rt Pernat
Grabrovica
Rt Zaglav
Rt Miračine
Plava grotta
Pregaznik
Zeča
Debeli
Višnjan
Visignano
Jama
Baredine
Kaštelir
Castellier
Labinci
S. Domenica
di Visinada
Bačva
Košinožići
Jadranska magistrala
Baderna
Mompaderno
Jakovići
Srbinjak
Žbandaj
Sbandati
Musalež
Dračevac
Castel Monspinoso
Fuškulin
Foscolino
Begi
Sveti Lovreč
San Lorenzo
del Pasenatico
Kringa
Sv. Petar u Šumi
San Pietro in Selve
Barat
Baratto
Prkićani
Pifari
Žminj
Gimino
Juršići
Ruševina
Dvigrad
Kanfanar
Canfanaro
Mrgani
Morgani
Limska draga
Limski zaljev
Sv. Mihovil
Ruševina
Gradina
Medaki
Sv. Martin
Romualdo
špilja
Sošići
Rovinjsko Selo
Villa di Rovigno
Brajkovići
Motoanci
Okreti
Smoljanci
Svetvinčenat
Modrušani
Rojnići
Rajki
Rudani
Benčići
Bibići
Kranjčići
Krmed
Carmedo
Golaš
Montiorenca
St. Angelini
Polari
Vestar
Vestre
L. Veštar
Marko
Čubani
Kaštel
Bembo
Bale
Valle d'Istria
Sv. Damjan
Kosići
Dvije Sestrice
Rt Gustinja
Stokovci
Šajini
Željeski
Glavani
Garandići
Orihi
Barban
Puntera
Hrboki
Hreljići
Rebići
Belavići
Jadranska
magistrala
Mutvoran
Mali-
Vareški
Veliki-
Marčana
Pinezići
Divšići
Orbanići
Kuzinići
Roverija
Bičići
Juršići
Cukrići
Čabrunići
Gajana
Mednjan
Mandriol
Sv. Foška
Barbariga
Hrid Porer
Barbariga
Rt Barbariga
U. Marić
Golubovo
Fažanski kanal
Vodnjan
Sv. Blaž
Vodnjan-sjever
Vodnjan-jug
Peroj
Galižana
Sv. Elizej
Fažana
Mali Brijun
Gaz
Nacionalni park
Brijuni
Safari park
Brijuni
Bizantski
kastrum
Grunj
Vanga
Vrsar
Rt Pinida
Sv. Jerolim
Valbandon
Šurida
Štinjan
Veli Vrh
Proština
Radeki
Loborika
Visače
Muntić
Aerodrom
Pula
Sandalja
PULA
Augustov
hram
Pulski amfiteatar
Pulski
Kaštel
Rt Kumpar
Fižela
Rt Stoja
Zaliv Brankoras
Zlatne Stijene
Rt Verudica
Marina
Veruda
Valdebek
Vinkuran
Banjole
Veruda
Jadreški
Šikići
Šišan
Ušići
Pomer
Frasker
U. Paltа
Valun
Rt od Volam
Premantura
Bodulaš
Ceja
Fenoliga
Fenera
Rt Kašteja
Svjetionik Porer
Porer
Rt Kamenjak
Pličina Albanez
Učka
A8
A9
E751
Kvarner

Bei dieser Tour ist *Rovinj* abermals der Ausgangspunkt. Dieses Mal führt die Strecke aber zunächst in den Süden und entlang eines Gebietes mit dem Zungenbrechernamen *„Rovinjski otoci i priobalno područje"*. Damit gemeint sind die Inseln rund um *Rovinj* und der zugehörige Küstenstreifen. Dazu gehört auch das *Kap des Heiligen Johannes*, eine weit ins Meer ragende Halbinsel. Hier dehnt sich auf einer Fläche von 70 Hektar eine mehr als 100 Jahre alte und mittlerweile unter Naturschutz gestellte Parkanlage aus.

Insgesamt wird die Stadt Rovinj und ihre Buchten von 22 kleineren und größeren Inseln umgeben. Die größte dieser Inseln, die *Sveta Katharina*, liegt in Sichtweite der Halbinsel der Altstadt und beherbergt unter anderem schmucke Hotelanlagen.

Über *Bale*, das sich hübsch auf einem Karsthügel ausdehnt, geht es immer an der Westküste entlang weiter bis zum Fischerort *Fažana*. Auf dem Weg dorthin locken immer wieder fjordartige Buchten, die durchaus auch mit dem Motorrad erreichbar sind. Allerdings sollte sowohl das Bike als auch der Fahrer auf offroad eingestimmt sein, da die optisch einladenden Meerbusen meist nur auf kleinen Schotterstraßen zu erreichen sind.

Für Abenteuerlustige

In diesem Teil Istriens gilt grundsätzlich: Eine auf einer Straßenkarte selbst als Kreisstraße eingezeichneter Weg muss nicht zwangsläufig auch asphaltiert sein. Öffentlich befahrbar ist er dennoch – und daher sind solche Abschnitte für jeden abenteuerlustigen Entdecker ein Heidenspaß.

Ausgangsort dieser Tour ist die Stadt Rovinj.

In Fažana sollte man sein Motorrad für ein paar Stunden stehen lassen. Wer Sardellen mag, ist hier richtig: Die große Sardellenfabrik wurde zwar schon 1952 geschlossen, doch bestimmt dieser Fisch immer noch das örtliche Leben: Von Einsalz-Wettbewerben über Fischerfeste bis zum großen Sardellenfest alljährlich im August weiß man hier das Gute aus dem Meer gebührend zu feiern. Übrigens sind Gäste auch willkommen, wenn die Fischerboote im Morgengrauen aufbrechen. Allerdings sollte man Frühaufsteher sein, denn die Abfahrt ist um 5.30 Uhr.

Flexibler sind die Ausflugsschiffe, die einen von Fažanas Hafen aus auf

STÄDTE-TIPP: ROVINJ

Ehemalige Insel

Die Stadt mit ihren heute gut 14 000 Einwohnern hat eine spannende Entwicklung hinter sich. Die Geschichte der bis dato noch unbedeutenden Ansiedlung Ruginium begann im zweiten Jahrhundert. Im siebten Jahrhundert siedelten Slawen auf der Insel. Sie konnten sich gute 500 Jahre selbst verwalten, dann allerdings erfolgte die Übernahme durch die Venezianer. Damit verlor Rovinj seine Unabhängigkeit, wurde dafür aber zu einer der wichtigsten Handelsstädte im ganzen Adria-Raum – und zwar bis ins 19. Jahrhundert. Der Wohlstand gedieh durch den Handel mit Wein und Oliven.

Trotz mehrerer Überfälle explodierte die Bevölkerungszahl im 17. Jahrhundert – das lag auch daran, dass die Insel von der Pest verschont blieb und viele Menschen Zuflucht suchten. Die heutige Altstadt von Rovinj wurde erst im 18. Jahrhundert mit dem Festland verbunden

MARŠAL TITO-PLATZ: Der Hauptplatz ist trotz aller politischen Querelen nach wie vor nach dem ehemaligen Staatschef Jugoslawiens benannt und befindet sich mitten auf dem 1763 zugeschütteten Meereskanal, der die Insel einst vom Festland trennte.

GRISIA-GASSE: Vom Hauptplatz geht es über die venezianische Porta Balbi, eines der drei von ursprünglich sieben noch erhaltenen Eingangstore, hinein in die Altstadt. Die Gasse führt den Hügel hinauf und trägt den Beinamen „Künstler-Gasse“. Die Palette reicht von Ölgemälden über kunstvoll gezogene Kerzen, Bildstickereien bis hin zu Aquarellen und Glasmalerei. Angenehm auffallend ist die Tatsache, dass es tatsächlich um Kunst geht. Marktschreierische Kaufaufforderungen gibt es hier nicht. Dafür kann man den Künstlern über die Schulter schauen oder auch Fachgespräche führen.

WAHRZEICHEN DER STADT: Auf dem höchsten Punkt der ehemaligen Insel thront die barocke Kirche der hl. Euphemia aus dem 17. Jahrhundert. Ihr 66 Meter hoher Glockenturm erinnert nicht zufällig an den Markusturm in Venedig, schließlich stand Rovinj während der Bauzeit unter venezianischer Herrschaft. Beobachten sollte man, in welche Richtung die sich bei Wind drehende Fumija-Statue auf dem Kopf des Turms befestigt – schaut. Richtet sie ihren Kopf gen Festland, gibt es Regen, sieht sie dagegen zum Meer ist bestes Reisewetter garantiert. (45.08329, 13.63106)

HEILIGE EUPHEMIA: Seit dem 13. August 800 ist Euphemia untrennbar mit Rovinj verbunden, da der Überlieferung nach ihr marmorner Sarkophag an die Küste gespült wurde. Ihre Überreste hatten einiges auszuhalten, schließlich starb die Tochter eines römischen Patriziers in Konstantinopel bereits im dritten Jahrhundert, weil sie in der Zeit der Christenverfolgung an ihrem Glauben festhielt. Wie und warum der in einer Basilika bestattete Sarkophag seinen Weg quer durch die Adria bis nach Rovinj nahm ist strittig.

HOTEL: Die Hotelgruppe Maistra hat einige tolle Unterkünfte in der Stadt zu bieten: Monte Mulini (gehobener Luxus), Hotel Lone (frisches Design). Beide sind fußläufig von der Altstadt entfernt. Dazu gibt es Hotels verschiedenster Kategorien auf der Insel Crveni Otok mit Blick auf die Altstadt von Rovinj. Diese werden per Boottaxi erreicht.

www.tzgrovinj.hr

die *Brijuni-Inseln* bringen. Die Eilande sind bereits 1983 zum Nationalpark erkoren worden. 14 davon verteilen sich auf einer Fläche von 27000 Hektar. Empfehlenswert ist die Fahrt zu *Veliki* (großer) *Brijun* – der größten der Inseln. Die Überfahrt durch den 2,5 Kilometer langen Kanal ist in einer guten Viertelstunde erledigt.

Internationaler Jetset

Spannend für politisch Interessierte ist der Besuch der Dauer-Ausstellung über Josip Broz Tito, den Staatsgründer Jugoslawiens, der diese Insel zu einer seiner Sommerresidenzen kürte. Er weilte hier mehrere Monate im Jahr und liebte es, internationale Gäste – von Politikern bis hin zu berühmten Schauspielern – zu empfangen. Von den Roosevelts über Fidel Castro oder Willi Brandt bis zu Elisabeth Taylor und Sophia Loren waren alle da, die damals Rang und Namen hatten.

Sie revanchierten sich gerne für die Einladung, indem sie dem Staatsmann zum Dank für seine Gastfreundschaft exotische Tiere schenkten. Auf diese Weise ist über die Jahrzehnte ein riesiger Wildpark entstanden, in dem man die Tiere bzw. heute auch deren Nachkommen, in freier Natur beobachten kann.

Die Brijuni-Inseln waren im übrigen bereits ab dem Ende des 19. Jahrhunderts als sommerlicher Aufenthaltsort des europäischen Jetsets bekannt. An sie angelehnt ist daher auch der Firmenname des italienischen Luxus-Modeherstellers für Herrenmode: Das Modehaus Brioni wurde 1945 allerdings in Rom gegründet.

Zurück aufs Festland

Statt der Fahrt im touristischen Bummelzug sei übrigens die Erkundung von Veliki Brijun mit Leihfahrrädern empfohlen. Diese sind auch als E-Bike-

Exotische Tiere sind auf den Brijuni-Inseln zu bewundern.

Varianten erhältlich. Zumindest ein kleiner Trost, bevor es zurück auf dem Festland und damit endlich wieder aufs Motorrad geht.

Pula – die größte Stadt Istriens – ist dann das nächste Ziel. Sie befindet sich nahe der Südspitze der Halbinsel. Ihr Wahrzeichen ist das unter Augustus und damit im ersten Jahrhundert nach Christus erbaute Amphitheater. Mit seinen Ausmaßen (133 x 105 Metern) gilt es als das sechstgrößte seiner Art.

Zu jener Zeit stand die Stadt als wichtiger strategischer Stützpunkt in der nordöstlichen Adria bereits knapp 200 Jahre unter römischer Herrschaft – was ihr zu ansehnlicher Blüte verholfen hatte. Die Einwohnerzahl dürfte damals nicht allzu weit von der heutigen entfernt gewesen sein. Und das sind immerhin gut 58 000. *Pula*, das römische Polensium, war innerhalb des weströmischen Reichs eine große Stadt, wenn nicht gar eine Großstadt.

Römische Straßen

Um ins Zentrum zu gelangen, gilt es allerdings – wie in allen größeren Städten dieser Welt – ein Gewusel aus Straßen mit allerlei Kreisverkehren hinter sich zu lassen. Dafür sind direkt zu

Füßen des Amphitheaters meist ausreichend Parkplätze für Motorräder zu finden. Bei der Fahrt durch die Stadt ist unbedingt Vorsicht walten zu lassen, denn so schön sich die abgenutzten Specksteine der einst römischen Straßen sich in der Altstadt auch präsentieren: Sie sind tückisch, weil glatt. Und dies gilt nicht nur bei Regen!

Ganz im Süden

Sobald diese bravurös gemeistert sind, kann man sich Premantura, dem südlichsten anfahrbaren Ort Istriens widmen. Südlich von ihm erstreckt sich nur noch Natur, genauer das Cap Kamenjak. Dabei handelt es sich um eine 9,5 Kilometer lange, 1,5 Kilometer breite geschützte Naturlandschaft. Die ist perfekt für eine Badepause geeignet, denn Felsstrände wechseln sich hier mit einladenden Sandbuchten ab.

Sehr schöne Badegelegenheiten gibt es auch rund um *Medulin*, einem der beliebtesten Urlaubsorte im Süden Istriens. Hier bietet sich zudem ein kurzer Abstecher auf die Halbinsel *Vižula* an. Sie steht komplett unter Denkmalschutz und die römische Ausgrabungsstätten gehören zu den wichtigsten in ganz Kroatien. Unter anderem zu besichtigen ist eine Villa, die angeblich von Konstantin dem Großen genutzt wurde.

Dann kehrt man der türkis-schimmernden Adria für einige Kilometer den Rücken zu und lenkt das Motorrad in Richtung Nordosten tief ins istrische Hinterland hinein. Kurz hinter *Medulin* erhebt sich bei *Marčana* eine Steilküste. Der kleine Flecken ist schon seit der Antike besiedelt. Bis *Barban* steht dann schönes, zügiges Fahren auf dem Programm. Aufgrund seiner strategischen Lage wurde der Ort stark wehrhaft ausgebaut. Im Mittelalter galt es, sein Hab und Gut zu schützen. Auch wenn nur noch Reste der einstigen Pracht übrig sind, ergeben sie doch ein hübsches Gesamtbild – und das an einer auch fahrerisch spannenden Stelle dieser Etappe.

Kurz danach geht es mit einem Schwenk erneut kurz in Richtung

Das römische Amphitheater in Pula ist das sechstgrößte seiner Art.

Im Sommer ist die k.u.k. Riviera Istriens stets gut besucht.

Süden, denn nun will die abermals an einen Fjord erinnernde ***Raša-Bucht*** mit verträumten Örtchen wie ***Trget*** erkundet werden. Die Straße ist in einem guten Zustand, durchgehend asphaltiert, wenn auch stellenweise äußerst schmal. Breiter wird sie erst kurz nach dem Ortsschild von Trget, dafür ist sie ab hier dann auch stärker befahren. Vor allem Lkw nutzen sie, da es in der Nähe ein Zementwerk gibt.

Tolle Serpentinen

Als nächstes folgen noch ein paar grandiose Kurvenstrecken durchs Hinterland, bis man sich irgendwann an der Hauptstraße nach ***Labin*** wiederfindet. Die erhabene Altstadt hoch über der Küste lädt zum Schlendern durch malerische Gassen ein. Hier stößt man auf Serpentinen in die Bucht von ***Rabac*** hinab und rollt geradewegs auf der Promenade aus.

Die folgenden Kilometer führen durch mächtige Pinienwälder über ***Vinež*** zunächst wieder ein wenig zurück ins Hinterland, doch bald darauf hat man in ***Plomin*** schon die Küstenstraße Jadranska Magistrala an der Ostseite Istriens erreicht. Dieses Teilstück trägt hier auch den Beinamen „k. u. k. Riviera“. Es folgen genussreiche Kilometer: Die Straße verläuft größtenteils in einigen hundert Metern Höhe, wodurch sich spektakuläre Ausblicke auf die ***Kvarner Bucht*** erhaschen lassen.

Kurz hinter ***Brestova*** verlässt man Istrien übrigens – natürlich nicht geographisch, man befindet sich schließlich immer noch auf der Halbinsel. Touristisch verwaltet wird dieser nordöstliche Teil aber nicht mehr von Istrien, sondern vom Verband Kvarner Bucht. Mit Kvarner ist die Bucht an der oberen Adria gemeint, die sich zwischen Istrien und dem kroatischen Küstenland im Osten schmiegt. Namensgebend ist das Seengebiet mit Namen Kvarner.

Insgesamt ist die Küstenstraße auf der Ostseite Istriens viel weniger bebaut als ihr westliches Pendant. Allerdings gibt es auch hier sehenswerte Dörfer. Dazu gehören ***Mošćenička Draga*** und ***Ičići***. Unbedingt einen längeren Halt wert ist ***Lovran***. Das malerische Örtchen liegt direkt am Wasser, ist aber auch von einem dichten Kiefernwald umgeben. Sehenswert ist der mittelalterliche Altstadtkern mit seinen jahrhundertealten Kirchen und schmalen Gassen.

Österreichs Erbe

Den Sprung vom unscheinbaren Fischerort zu einem der touristischen Highlights verdankt es der österreich-ungarischem Elite, die an diesem Fleckchen Erde etwa zu Mitte des 19. Jahrhunderts nach Alternativen suchten – und fündig wurden. Diese Historie wird auch durch die Architektur verdeutlicht. Die zahlreichen Villen, in denen heute fast ausschließlich Hotels untergebracht sind, stammen alle aus dieser Zeit.

Solche prunkvollen Bauten säumen dann auch das letzte Etappenstück auf der Küstenstraße bis hinauf nach ***Opatija***. Unverkennbar versammelte sich zu jener Zeit hier der (Geld-) Adel zum Überwintern, heutzutage sind es vornehmlich gut betuchte Pensionäre.

Überhaupt war diese malerische Küstenstadt für den Beginn des Tourismus im Lande verantwortlich, denn genau hier wurden die ersten Hotels an der kroatischen Adria gebaut. Das erste existiert bis heute als Hotel Kvarner und stammt von 1884. Der eigentliche Beginn dieses lukrativen Wirtschaftszweiges wird aber auf das Jahr 1844 datiert.

Damals erbaute der wohlhabende Kaufmann Iginio Scarpa die nach seiner früh verstorbenen Frau benannte Villa Angiolini mit großer Parkanlage.

Labin begeistert mit einer mittelalterlichen Altstadt.

Scarpa stammte aus der schon zu jener Zeit hektischen Hafenstadt Rijeka und war auf der Suche nach einem Ort, in dem er seinen Ruhestand im wahrsten Sinne des Wortes ruhig genießen konnte. Dieses fand er in der Bucht ganz in der Nähe der Kirche St. Jakob. Um diese herum hatte sich das einstige Fischerörtchen zu dem entwickelt, was Opatija bis heute zu bieten hat.

In den 1880er Jahren kamen weitere Bauherren. Villen, Hotels und

Pagubice
A8
498
Paz
Sv. Marija od Karmela
Učka planina
1401
Draga
Medveja
Kraj
Cerovlje
Novaki Pazinski
13 %
Barevica
333
Kontuši
Orljak
461
Kaštel u Pazina
Gologorica
Čuši
Šušnjevica
Mošćenice
Brgud
907
Kostrčani
Ivoli
Pazinske jame
Gračišće
Tupljak
500
Bartoši
10 %
64
12 %
Pičan
Polje-Čepić
Purgarija-Čepić
Jelena
Golovik
Martina
Sisol
833
Kožljak
450
Mandalenčići
Zajci
Bazgalji
Čubanići
10 %
18
Podpićan
Brseč
22
Šumber
12 %
Kršan
Milotski Breg
8 %
Katarina
Ruševina Šumber
Boljevići
Vozliči
Brestova
Orič
Batlug
Raša
Ržišce
Plomin
Kraj Draga
Sv. Nedelja
E 751
Polomin Luka
Gorica
Cvitići
Raška Draga
66
Štrmac
Baliči
Sv. Martin
Rt. Mašnjak
Plominska Luka
Gradišće
Cere
Rudani
Veli Golji
Vinež
7 %
Benčiči
Snašići
Labin
Gornj Rabac
Rojnići
Foli
Rajki
Barbići
Topit
Campanile
Rabac
Vadres
Kujn
Krapan
Petehi
Melnica
10 %
Raša
Letajac
14
Garandići
Orihi
Barban
Most Raša
Luka Rabac
Duga Luka
Puntera
Brgod
Crni
L. Prklog
Želiski
Šajini
E 751
Hrboki
Polje
Drenje
Sv. Marina
66
7
Trget
Ostri
531
Bičići
Glavani
Hreljići
Rebići
Stanišovi
Vlakovo
Ravni
Orbanići
Belavići
Diminići
Viškovići
Skitača
Divšići
Rakalj
Brovinje
Jadranska magistrala
Rakalj kaštel
Koromačno
4
Krnica
Zamek Turanj
Pinezići
Mutvoran
Ubac
U. Vošćice
Rt Crna Punta
Raški zaljev
Mali-Vareški
Peruški
Marčana
Veliki-
Šegotići
Rt Ubac
21
Rt Mulac
Muntić
Pavićini
Rt Arne
Nesactium

vor allem Sanatorien wurden ins Leben gerufen. Entstanden sind Gebäude verschiedenster Stilrichtungen: von Renaissance über Klassizismus bis hin zum opulenten Barock. So entwickelte sich Opatija im Laufe der Zeit zum Kurort für die gut bis sehr gut Betuchten. 1873 folgte dann die Eisenbahnanbindung – und Besucher aus allen Teilen Europas konnten es schnell und bequem erreichen. Bis zu Beginn des Ersten Weltkrieges war Opatija ein Ort, an dem man gesehen werden musste. Die Habsburger hatten ein Ferienziel erschaffen, in dem sich Adelige und Aristokraten fernab vom Hof und vom politischen Tagesgeschehen entspannen konnten.

Traditionelle Hotels

Bei einem Spaziergang kann man den Flair dieser Zeiten förmlich noch spüren. Etwas bieder sieht es allerorten nach wie vor aus. In den traditionellen Hotels gibt es nach wie vor Törtchen, Kaffeekännchen und Tanzkurse – und ganz viel österreichischen Schmäh.

Als Fotomotiv der Extraklasse erweist sich die Statue der Jungfrau mit Möve, die von einem Felsen vor der Uferpromenade Lungomare auf die Adria blickt. Die Geschichte dahinter? Ursprünglich stand hier eine andere Staute. Sie war einem Grafen gewidmet, der an dieser Stelle 1891 auf tragische Weise ums Leben kam. Voller Trauer stellte seine Familie die Statue auf, damit sie über die verlorene Seele wachen können. Jene hielt die Witterungsbedingungen allerdings nicht lange aus und wurde später in die Villa Angiolina gebracht, wo sie heute noch besichtigt werden kann.

Um die Lücke zu schließen, wurde beschlossen, eine andere Statue aufzustellen. 1956 war es für die Jungfrau mit der Möwe soweit. Besonders beeindruckend ist sie bei Nacht, wenn die holde Maid mit speziellen Reflektoren angestrahlt wird – oder bei Sturm, wenn die Wellen auf das Ufer treffen und sich das Wasser über dem Fels verteilt. Dann sieht es fast so aus, als würde eine Nymphe aus der Gischt aufsteigen. Aus diesem Grunde wird die Statue von vielen Einheimischen auch Nymphe genannt. >

Die Statue mit Möwe ist ein beliebtes Fotomotiv in Opatija.

AUTOREN-TIPP

Das Reich von Duilio Belić besteht aus 5 500 Bäumen, die sich auf 13 Hektar Land im Südwesten Istriens erstrecken. Aus ihnen stellt er feinste Olivenöle her, die mittlerweile internationale Preise gewonnen haben. Schön ist auch die Präsentation in edlen Flaschen. Ein Besuch mit Tasting kann organisiert werden. **www.oleabb.hr**

Die Stadt ist einen längeren Aufenthalt also durchaus wert. Alternativ kann man sich auf den Weg in den Osten der Stadt machen, um sich dort das Straßennetz anzusehen, das für Rennsportfans über Jahrzehnte eine ganz besondere Bedeutung hatte: Die Rede ist von der Motorsport-Rennstrecke Preluk, die zwischen 1939 und 1977 genutzt wurde. Unter anderem wurde hier der Große Preis von Jugoslawien im Rahmen der Motorrad-Weltmeisterschaft ausgetragen.

Alte Rennstrecke

Die Rennstrecke hatte eine Länge von sechs Kilometern und bestand ausnahmslos aus öffentlichen Straßen. Sie hatte jeweils sieben Rechts- und sieben Linkskurven und wurde im Uhrzeigersinn befahren. Start und Ziel befanden sich in einem Sportkomplex, danach ging es entlang der Adria nordwestlich in Richtung Opatija. Nach einer 180 Grad-Kehre kurz vor der Stadt, fuhr man im Hinterland der Küste nach Südosten bis kurz vor *Rijeka*. Hier stieg die Piste zeitweise bis auf eine Höhe von 85 Metern an. Nach einer weiteren Kehre ging es über die Küstenstraße zurück bis zur Ziellinie. Nach mehreren Unfällen mit Todesfolge wurden die Rennaktivitäten aber im Jahre 1977 eingestellt. Heutzutage sind nur noch die Sitztribünen aus Beton, die jetzt Teil des Campingplatzes Preluk sind, erhalten geblieben.

Um den WM-Status des Großen Preises von Jugoslawien ab der folgenden Saison zu sichern, wurde noch im gleichen Jahr in Rijeka die Rennstrecke Grobnik errichtet. Bis zum Jugoslawienkrieg ab dem Jahr 1991 war sie der neue Austragungsort. Wer sie besichtigen möchte, kann dies auf der folgenden Tour 4 einplanen. ◄

INFOS ZUR TOUR

CHARAKTERISTIK

Der erste Abschnitt nach Pula ist schnell erledigt, wenn man auf der Hauptstraße bleibt. Aber wer will das schon? Abseits davon führen teilweise unbefestigte Wege gleichwohl ans Ziel. Die Halbinsel Premantura ist der südlichste Punkt. Die fjordartigen Buchten der istrischen Ostküste sind teilweise nur über Schotterstraßen erreichbar. Generell gilt, dass eine auf der Karte als zumindest Kreisstraße eingezeichneter Weg nicht asphaltiert sein muss. Öffentlich ist er dennoch – daher sind solche Abschnitte für abenteuerlustige Entdecker ein Heidenspaß.

ÜBERNACHTUNG

Viletta Phasiana

Trg Sv. Kuzme i Damjana 1, HR-52212 Fažana
Sehr schönes, kleines Boutiquehotel mit guter Küche. Der Fähranleger zu den Brijoni-Inseln befindet sich fast direkt vor der Haustüre.
www.villetta-phasiana.hr
GPS 44.92752, 13.80300

Hotel Villa Astra

Viktora Cara Emina 11, HR-51415 Lovran
Kleines Hotel mit tollem Service und exzellenter Küche. Eingebettet ist es in einen Park mit Pool und privaten Meereszugang.
www.hotelvillaastra.com
GPS 45.29964, 14.27917

Hotel Villa Kapetanović

Nova cesta 12A, HR-51410 Opatija
Auf dem Učka Gebirge mit tollem Panoramablick auf Opatija gelegen.
www.villa-kapetanovic.hr/de/
GPS 45.35596, 14.31928

KOMBINATIONSMÖGLICHKEITEN

Als Ergänzung zu dieser Tour empfiehlt sich ein Abstecher zu den Insel Cres und Mali Lošinj. Entweder wie in Tour 4 mit Zwischenstopp in Krk beschrieben. Alternativ kann man von Brestova an der Ostküste direkt die Fähre nach Porozina auf Cres nehmen.

Obere **Adria**

Cres und Krk teilen sich den Status als größte Inseln der Adria: Beide kroatischen Inseln sind exakt 405,78 Quadratkilometer groß. Doch auch Lošinj bietet fahrerische Leckerbissen. Zudem ist die Hafenstadt Rijeka in ihrem Inneren sehr viel schöner, als es der erste Eindruck am mächtigen Hafen zunächst vermuten lässt.

Top-Ausblicke sind auf Cres an vielen Stellen garantiert.

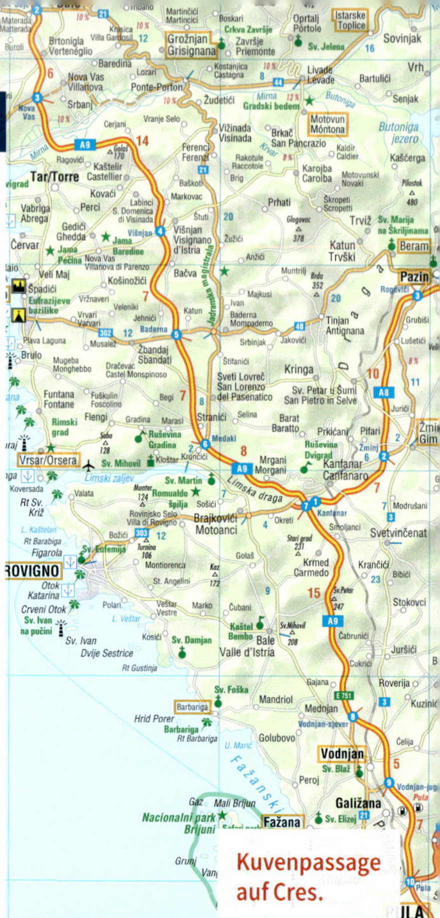

TOUREN-STECKBRIEF

START- UND ZIELORT

Opatija (45.34056, 14.30557)
Mali Lošinj (44.53351, 14.46481)

STRECKENLÄNGE

ca. 224 km

DAUER DER TOUR

5-7 Stunden, Empfehlung: zwei Tagesabschnitte

ROADBOOK

Opatija, Rijeka, Tihi kanal, Vrbnik, Baška, Jurandvor, Stadt Krk, Valbiska, Merag, Lubenice, Kanal Kavada, Osor, Nerezine, Mali Lošinj

HIGHLIGHTS

Das fahrerische Highlight dieser Tour ist der Ausflug nach Lubenice (44.88872, 14.33118) auf der Insel Cres. Das kleine Bergdorf ist auf einem 378 Meter hohen Felssporn erbaut worden. Die Auffahrt auf der abenteuerlichen, weil sehr schmalen und teilweise äußerst steilen Straße, könnte manch einen an seine Grenzen bringen.

Kuvenpassage auf Cres.

Matulji
Kastav
Marinići
Opatija
RIJEKA
Čavle
Grobnik
Volosko
Sušak
Škrljevo
Bakar
Kraljevica
Krasica
Hreljin
Križišće
Lovran
Ičići
Ika
Učka-Tunnel (5km)
Vranja
Lupoglav
Lesišćina
Hum
Paz
Kontuši
Šušnjevica
Mošćenice
Mošćenička Draga
Brseč
Brestova
Plomin
Kršan
Šumber
Sv. Nedelja
Labin
Rabac
Raša
Krapan
Most Raša
Brgod
Koromačno
Rakalj
Krnica
Ubac
Rijecki zaljev
Vela vrata
Srednja vrata
Kvarner
Kvarnerić
Rt. Jablanac
Porozina
Beli
Cres
Vodice
Merag
Valun
Lubenice
Orlec
Vrana
Belej
Ustrine
Osor
Nerezine
Lošinj
Ćunski
Nova
Mali Lošinj
Veli Lošinj
Unije
Susak
Vele Srakane
Male Srakane
Omišalj
Aerodrom Rijeka-Krk
Njivice
Malinska
Dobrinj
Krk
Vrbnik
Punat
Baška
Jurandvor
Kornić
Šilo
Klimno
Crikvenica
Selce
Novi Vinodolski
Dramalj
Jadranovo
Tribalj
Vinodolski kanal
Fužine
Mrkopalj
Zlobin
Lič
Brestova Draga
Sunger
Rab
Lopar
Supetarska Draga
Kampor
Mundanije
Lun
Sv. Grgur
Velebitski kanal
Senjska vrata
Plavnik
Plava grota

Von *Opatija* aus verläuft diese Tour in östlicher Richtung und bringt einen damit geradewegs nach *Rijeka*. Wer möchte, kann aber vorher noch einen Abstecher gen Nordosten einlegen, um sich das Automotodrom Grobnik im Örtchen *Čavle* anzusehen.

Rijeka ist die drittgrößte Stadt des Landes und sieht auf den ersten Blick alles andere als einladend aus. Dies liegt vor allem am geschäftigen Treiben im riesigen Hafen – mit seinen Terminals für Mineralöl, Stückgut, Sperrgut und allerlei Containern ist er der wichtigste Umschlagplatz für den Warenhandel an der oberen Adria. Dennoch sollte man sich den Bummel durch die Altstadt keinesfalls entgehen lassen, schließlich birgt sie in ihren historischen Mauern so manchen Kulturschatz. Zu prähistorischen Zeiten sollen die Kelten hier zwischen der Küste des Kvarners und der Mündung des Flusses Riječina eine erste Siedlung gegründet haben. Von jenem Fluss leitet auch sich der Stadtname ab: Rijeka heißt auf Kroatisch Fluss.

Bummel durch Rijeka

Nach den Kelten kamen wie überall an der Adriaküste die Römer und später dann die Habsburger, die der Stadt zu ihrer Blüte verhalfen. Bei einem Spaziergang lohnen sich Blicke auf die Kathedrale Sveti Vid, das römischen Portal Rimski Luk, den Stadtturm und die k.u.k. Marineakademie.

Rijeka ist schöner, als es auf den ersten Blick scheint.

Unbedingt auf sich nehmen sollte man den Spaziergang auf die Anhöhe Trsat im Stadtteil Sušak. Sie gilt als ältester Marien-Wallfahrtsort Kroatiens. So sollen der Legende nach Engel das Geburtshaus der heiligen Jungfrau Maria im Jahre 1291 an eben diesen Ort befördert haben. Drei Jahre lang soll es dort gestanden haben, bis es abermals von Engeln ins italienische Loreto auf der gegenüberliegenden Adriaseite transportiert wurde.

Aufstieg auf das Kastell

Wem der Sinn eher nach irdischen Sehenswürdigkeiten steht, kann alternativ das Kastell von Trsat besichtigen. Dies lohnt sich insbesondere bei gutem Wetter, da man vom dortigen Aussichtsturm aus einen fabelhaften Ausblick auf die ganze Bucht – und auch auf die Brücke, die man wenig später befahren wird – hat.

Diese führt vom Festland über den *Tihi kanal* (deutsch: stiller Kanal) auf die Insel *Krk*. Zur Benutzung muss eine kleine Maut entrichtet werden – allerdings nur in Richtung Insel, nicht von ihr zum Festland. Diese Brücke markiert den Beginn des Inselhoppings, das im weiteren Verlauf dieser Tour anstehen wird.

Für Krk sollte man sich ausreichend Zeit nehmen, denn wer die Insel lediglich auf der Hauptstraße quert, bekommt nicht viel zu sehen. Das satte Grün der ausgedehnten Wälder verhindert allzu tiefe Einblicke in die Umgebung. Da muss man sich dann schon auf die kleineren Pfade begeben, die zu

Diese Brücke führt von der Magistrala auf die Insel Krk.

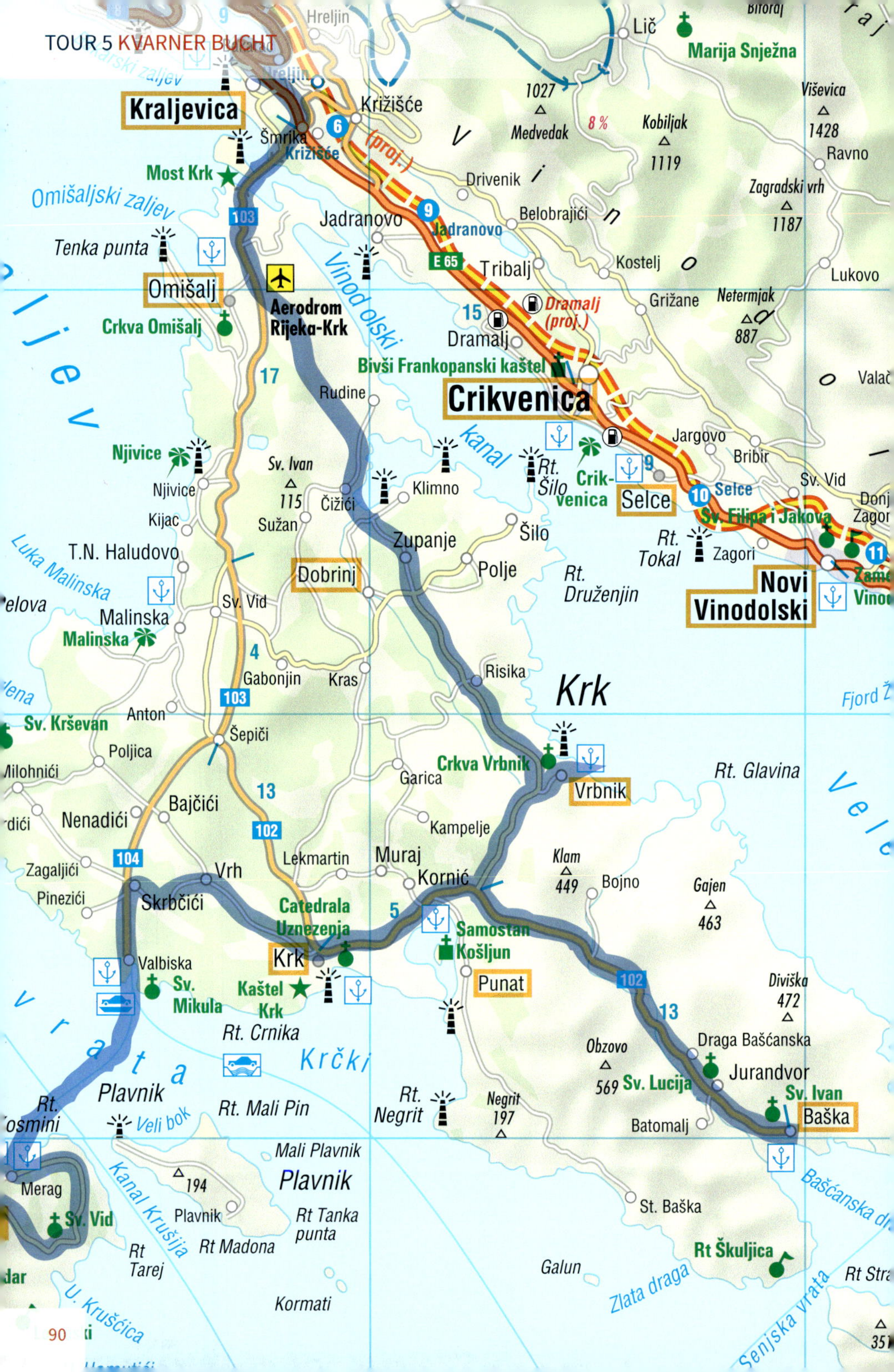
Hreljin
Lič
Marija Snježna
Kraljevica
Križišće
1027
Medvedak
8 %
Kobiljak
1119
Višević
1428
Ravno
Šmrika
Križišće
(proj.)
Most Krk
Omišaljski zaljev
Drivenik
Zagradski vrh
1187
103
Jadranovo
Jadranovo
Belobrajići
Tenka punta
Vinodolski
E 65
Tribalj
Kostelj
Lukovo
Omišalj
Aerodrom Rijeka-Krk
Crkva Omišalj
15
Dramalj (proj.)
Dramalj
Grižane
Netermjak
887
17
Bivši Frankopanski kaštel
Crikvenica
Rudine
Valač
kanal
Jargovo
Njivice
Sv. Ivan
115
Klimno
Rt. Šilo
Crikvenica
Selce
Bribir
Njivice
Čižići
Sv. Vid
Kijac
Sužan
Šilo
Sv. Filipa i Jakova
T.N. Haludovo
Zupanje
Rt. Tokal
Zagori
Luka Malinska
Dobrinj
Polje
Rt. Druženjin
Novi Vinodolski
Sv. Vid
Malinska
Malinska
4
Gabonjin
Kras
Risika
Krk
Fjord
103
Anton
Sv. Krševan
Šepiči
Poljica
Crkva Vrbnik
Vrbnik
Rt. Glavina
Garica
13
Bajčići
Nenadići
102
Kampelje
Lekmartin
Muraj
Klam
449
Bojno
Zagaljići
104
Vrh
Kornić
Gajen
463
Pinezići
Skrbčići
Catedrala Uznezenja
5
Samostan Košljun
Valbiska
Krk
Sv. Mikula
Kaštel Krk
Punat
102
Diviška
472
13
Rt. Crnika
Obzovo
569
Draga Baščanska
Krčki
Sv. Lucija
Jurandvor
Plavnik
Rt. Negrit
Negrit
197
Sv. Ivan
Baška
Rt. Mali Pin
Batomalj
Veli bok
Mali Plavnik
Plavnik
194
Merag
Kanal Krušija
Plavnik
Rt Tanka punta
St. Baška
Baščanska draga
Sv. Vid
Rt Madona
Rt Tarej
Rt Škuljica
Galun
Zlata draga
U. Krušćica
Kormati
Senjska vrata
351

den teilweise recht versteckt liegenden Küstenorten von Krk führen. Dabei entdeckt man dann eine Besonderheit dieser Landschaft: die terrassenförmig angelegten Mauern, die aus lose aufgeschichteten Steinen bestehen.

Mystischer Dunst

Ein besonders hübscher Küstenort ist mit ***Vrbnik*** erreicht. Schon der erste Anblick weckt Interesse: Ein Mix aus älteren Gemäuern und neueren Bauten schmiegt sich an die sanften Hänge eines Hügels, auf dem sich das kleine Zentrum, dominiert von einem alles überragenden Kirchturm, befindet. Die Adria zu Füßen schimmert stets azurblau, die Festlandküste dagegen liegt oft in einem sanften Dunstschleier – das verleiht dem Ausblick von Vrbnik etwas Mystisches.

Das Leben in Vrbnik geht noch einen gelassenen Gang. Beim Schlendern durch die Gassen fallen die mit Wein bewachsenen Mauern auf. Wäsche hängt auf Leinen zwischen den Häusern, südländische Stimmung macht sich breit.

Zwei Besonderheiten hat der Ort außerdem zu bieten. Im Kirchturm des aus dem 14. Jahrhundert stammenden Gotteshauses befindet sich ein kleines, sehenswertes Museum zur Geschichte. Und der Weißwein Žlahtina, bekannt für seinen mineralischen Charakter, wird ausschließlich in der Umgebung des Dorfes – sowie in geringen Mengen noch auf dem gegenüberliegenden Festland bei ***Crikvenica*** – als autochthone, also einheimische, Rebsorte angebaut.

Seit 2006 kann man vor Ort eine ungewöhnliche Variante kosten: Die landwirtschaftliche Genossenschaft Vrbnik produziert aus den Trauben Schaumwein, füllte diesen in Flaschen

Der Ort Vrbnik auf der Insel Krk thront auf einem Hügel.

Der Schaumwein Valomet aus Vrbnik reift 30 Meter tief im Meer.

und lässt ihn in gitterförmigen Stahlkisten etwa 30 Meter tief ins Meer hinab. Neben der gleichbleibenden Temperatur von zwölf Grad Celsius soll die Lagerung im Halbdunkeln für eine besondere Qualität des Valomet sorgen. Die Flaschen sind mit Schichten von Korallen und Muscheln überzogen.

Ein Juwel der anderen Art entdeckt man am Ende der kurvenreichen Strecke im Südosten der Insel. Die Straße ist wie geschaffen zum Motorrad fahren: Eng und kurvig führt sie entlang eines schönen Tales.

Baška, der zweitgrößte Ort der Insel wird von nur gut 1 500 Einwohnern bewohnt. In den 68 Ortschaften von Krk leben insgesamt nur 16 500 Menschen. Baška liegt an einer geschützten Bucht, die mehr als 30 Badestrände aufweist. Seit Beginn des 20. Jahrhunderts ist der Tourismus hier die Haupteinnahmequelle.

Das zum heutigen Zentrum führende ***Baška-Tal*** hat eine wechselvolle Besiedlungsgeschichte hinter sich, die über 2 000 Jahre zurückreicht. Die Illyrer gelten als die ersten Siedler. Später haben sich auch die Römer den natürlichen Schutz der Bucht zunutze gemacht. Ab dem 15. Jahrhundert herrschte Venetien, abgelöst von den Österreichern, zu deren ausgedehntem Staatsgebiet Baška bis 1918 gehörte.

Tafel von Baška

Einen der wertvollsten kulturellen Schätze Kroatiens hat die Region ebenfalls vorzuweisen: Im nahegelegenen Dorf ***Jurandvor*** wurde die Tafel von Baška entdeckt. Sie stammt aus dem Jahr 1100 und ist das älteste bekannte Zeugnis der Glagoliza. Diese gilt als älteste slawische Schrift. Besonders auf dieser Insel, aber auch in Istrien (siehe Tour 2) hielt sie sich bis ins 19. Jahrhundert hinein. Das Original der Schrifttafel wird mittlerweile in Zagreb aufbewahrt, in der Kapelle St. Lucija ist aber eine Kopie ausgestellt.

Quer über die Insel geht die Fahrt weiter bis in die Hauptstadt Krk an der Südküste. Im mittelalterlichen Zentrum zeugen noch Teile der Stadtmauer und alte Tore von der ehemals römischen Siedlung. Aus der romanischen Zeit stammt die Kathedrale Mariä Himmelfahrt, die sich den freistehenden Glockenturm mit der angrenzenden, strahlend weißen Kirche Sv. Kvirina teilt. Enge, kopfsteingepflasterte Straßen durchziehen die gesamte Altstadt.

Reste eines Tempels

2011 sorgte ein einzigartiger Fund hier für Aufsehen: Bei Umbauarbeiten an einem Privathaus in unmittelbarer Nähe des ehemaligen römischen Forums, wurden Reste eines Venus-Tempels aus dem ersten Jahrhundert vor Christus geborgen. Von denen existieren in ganz Europa nur noch zehn. Er befand sich in einem außergewöhnlichen guten Zustand, wurde dennoch behutsam restauriert und anschließend mit einer dicken Glasplatte überzogen. Besucher können den Fund heutzutaga kurioserweise in einem Modegeschäft bewundern .

Die Zahl sieben zieht sich wie ein roter Faden durch die Geschichte von Krk: Den illyrischen Stämmen sowie der romanischen Bevölkerung gesellten sich im siebten Jahrhundert die Kroaten hinzu. Krk verteidigte sich sieben Mal erfolgreich vor den Piraten und der siebte Fürst, Fürst Frankopan, war zugleich der letzte Fürst von Krk. Sieben historische Kastelle auf der Insel bilden heute zudem die sieben Verwaltungseinheiten: Krk, Omišalj, Malinska, Punat, Baška, Vrbnik und Dobrinj. Dazu gibt es sieben Variationen des örtlichen Dialekts sowie sieben Bräuche, Tänze und Nationaltrachten. >

Kurvenspektakel ist an vielen Stellen garantiert.

In *Valbiska* geht das Inselhopping dann weiter: Das bedeutet auch: Warten auf die nächste Fähre. Eines der zahllosen Jadrolinja-Schiffe, die auf der gesamten kroatischen Adria verkehren, setzt nach *Merag* auf *Cres* über. Diese ist gilt wie auch Krk als größte Insel der Adria, denn beide sind exakt 405,78 Quadratkilometer groß.

Eine knappe halbe Stunde braucht die Fähre hinüber auf die Nachbar-Insel. Grundsätzlich sei empfohlen, vor den Lastwagen und Wohnmobilen auf der Straße zu sein, denn deren Fahrer genießen üblicherweise eher die schöne Landschaft und achten weniger auf die Straße. Zudem sind sie naturgemäß viel langsamer. Wer sich an diesen Tipp hält, spart sich direkt am Anfang nervenzehrende Überholmanöver.

Tolles Bergdorf

Cres zeichnet sich vor allem durch seine abrupten Wechsel zwischen seinen 248 Kilometern Küste und den steil aufragenden Bergen aus, die immerhin bis über 600 Meter reichen. Hier liegen auch einige überaus sehenswerte Dörfer, die einen Abstecher lohnen. Dies gilt vor allem für *Lubenice*. Das Bergdörfchen mit seinen heute nur noch knapp 40 Einwohnern ist auf einem 378 Meter hohen Felssporn erbaut worden.

Die Auffahrt könnte den einen oder anderen allerdings an seine fahrerischen Grenzen bringen. Dies ist der abenteuerlichen, weil sehr schmalen

Zwei Straßen, hübsche Häuser und gleich zwei Kirchen bietet Lubenice.

und teilweise äußerst steilen Straße geschuldet. Oben angekommen, mutet der Besuch dann wie eine ausgiebige Zeitreise in die Vergangenheit an. Bei einem Spaziergang durch die nur zwei existierenden Gassen wartet man förmlich darauf, in irgend eine mittelalterliche Szenerie zu geraten. Lubenice wurde tatsächlich schon vor rund 2 000 Jahren von den Römern erbaut. Man betritt es durch ein steinernes Eingangstor und passiert ausschließlich alte Häuser aus Stein mit hübschen Gewölben, aber auch gleich zwei winzigen Kirchen.

Abgeschiedener Ort

Imposant ist vor allem ein Blick von der alten Wehrmauer auf die mehr als einladende Bucht fast senkrecht darunter. Wie hart das Leben und die Arbeit an diesem abgeschiedenen Ort sein mussten, belegt ein Blick auf den Hafen, der nur zu Fuß über einen steilen Pfad 340 Meter unterhalb der Ortsmauern zu erreichen ist.

Die Tour führt von Lubenice aus auf gleichem Weg zurück auf die Haupt-

Die idyllische Bucht liegt 340 Meter unterhalb des Bergdorfes.

Der Kanal Kavada trennt die Insel Cres und Lošinj.

straße 100, die einzige auf der Insel. Alternativen gibt es nur auf unbefestigten Schotterstraßen, die für Straßenmaschinen nicht geeignet sind. Dafür belohnt die Weiterfahrt nach Süden mit wunderbaren Kurven bei traumhaften Ausblicken aufs Meer.

Südwärts kann Cres über eine kleine Drehbrücke verlassen werden, die es mit der Nachbarinsel *Lošinj* verbindet. Bevor es soweit ist, lohnt sich ein Aufenthalt in *Osor*, der südlichsten Stadt von Cres. Sie liegt direkt am *Kanal Kavada*, der die beiden Inseln voneinander trennt. Überall in der Stadt sind Skulpturen örtlicher Künstler verstreut. Allerdings muss man sich etwas mit der Historie von *Osor* beschäftigen, um ihre in der Vergangenheit liegende Bedeutung zu realisieren. Denn auf den ersten Blick präsentiert sich die Stadt zwar schmuck, aber dennoch auch recht unbedeutend.

Skulpturen örtlicher Künstler sind in Osor zu entdecken.

Hauptstadt beider Inseln

Zu Unrecht, denn *Osor* erhielt bereits in der Antike Stadtrechte und war bis ins 14. Jahrhundert nicht nur Bischofssitz, sondern auch Hauptstadt beider Inseln. Damit ist sie nicht nur die älteste, sondern auch die bedeutendste Siedlung von Cres und Lošinj. Wer sich intensiver mit dieser Materie beschäftigen möchte, dem sei ein Besuch der optisch etwas verfallenen Kathedrale ans Herz gelegt. In ihrem Inneren beherbergt sie eine Sammlung bedeutender Bücher und Schriften aus der Zeit zwischen dem 14. und 15. Jahrhundert.

Einladende Hafenstadt

Nur wenig später ist an der Ostküste von Lošinj, ein weiterer sehenswerter Ort erreicht: *Nerezine*. Er erstreckt sich unterhalb des knapp 588 Meter hohen Berges Televrina im Bergmassiv des Osoršćica Gebirgszuges. Dem kleinen Fährhafen kann man mit etwas Phantasie durchaus ansehen, dass hier schon in früheren Zeiten reger Handel betrieben wurde. Bis heute existiert hier eine aktive Schiffswerft.

Wer Hunger oder Durst hat, sollte im Hotel Televrin einkehren. Erbaut wurde das Gebäude im Jahre 1910 . Ursprünglich beherbergte es das Hafenamt und fungierte später als Rathaus. 2003 wurde es vollständig renoviert und ist heute ein kleines, privat geführtes Hotel mit eigenem Restaurant.Hier lässt sich auch viel über die Geschichte der Insel erfahren, etwa, dass sie eigentlich einst mit *Cres* verbunden war. Die Römer buddelten vor 2000 Jahren einen Kanal, um ihre Schifffahrtswege zu verkürzen und schufen so eine künstliche Trennung.

Ein Absurdum auf Lošinj ist die Namensgebung der beiden Hauptorte. Die größere Stadt heißt *Mali Lošinj* (Klein-Lošinj), ihre kleinere Schwester, ein ruhiger Kurort, *Veli-Lošinj* (Groß-Lošinj). Doch egal wo, die Insel hat etliche Verlockungen zu bieten – sei es nur die Tatsache, dass sie als sonnenreichste der über 1000 Inseln Kroatiens gilt. Außerdem sorgt ihr schlanker Bauch dafür, dass von dem Bergrücken in der Inselmitte ein fantastisches 360 Grad-Panorama zu betrachten ist.

In Mali Lošinj kann seit einigen Jahren auch ein antiker Frauenschwarm mit Namen Apoksiomen bewundert werden. Nachdem er mehr als zwei Jahrtausende Jahre still am sandigen Grund der Adria vor der Insel Lošinj

Der Hafen von Lošinj begeistert nicht nur im Abendlicht.

geruht hat, ist er plötzlich wieder aufgetaucht.

Die fast zwei Meter große Bronzestatue des griechischen Athleten wurde 1999 zufällig am Meeresboden entdeckt. Vermutlich wurde sie zu Beginn des ersten Jahrhundert ins Meer geworfen – vielleicht, weil das Schiff durch das Gewicht sonst gekentert wäre, vielleicht aber auch als Opfer an die Götter für eine sichere Weiterreise durch den Kanal von Osor.

Der antiken Skulptur des Apoksiomen ist auf Lošinj ein eigenes Museum gewidmet.

Nach mehrjähriger Restaurierung war das antike Meisterwerk zunächst in Kroatiens Hauptstadt *Zagreb* sowie im Louvre von Paris ausgestellt, ehe seit 2015 ein eigenes Museum in Mali Lošinj erhielt.

Zurück oder auf die Fähre

Wer direkt zurück zum Ausgangspunkt oder zur Küstenstraße Jadranska Magistrala zurück möchte, muss zumindest auf Lošinj und Cres den gleichen Weg zurückfahren. So etwas lässt sich auf Inseln mitunter nicht vermeiden. Dennoch wird es einem dabei nicht langweilig, da die Ausblicke auf Berge und Meer in dieser Richtung ganz anders anmuteten. Alternativ verlässt man vom Hafen in Mali Lošinj die Kvarner Bucht und macht sich per Fähre auf nach *Zadar* in Nord-Dalmatien, wo man ein Teilstück der in diesem Reiseführer beschriebenen Tour 7 anhängen kann. ◀

INFOS ZUR TOUR

CHARAKTERISTIK

Die größten Teile dieser Tour bieten für geübte Fahrer keinerlei Schwierigkeiten. Wer wenig Erfahrung, auf kleinen steilen Straßen hat, könnte aber die Auffahrt zum Bergdorf Lubenice als schwierig erachten.

ÜBERNACHTUNG

Hotel Vinotel Gospoja

Frankopanska 1, HR-51516 Vrbnik
Familiär geführtes Hotel mit toller Lage auf einem Hügel mit Blick aufs Meer. Wellness und Restaurant sind vorhanden. Die Zimmer tragen die Namen verschiedener Weinsorten.
www.gospoja.hr/de
GPS 45.07659, 14.67762

Hotel Televrin

Obala Nerezinskih Pomoraca Bb, HR-51554 Nerezine
Das Gebäude liegt direkt am Hafen. Es bietet 13 Zimmern, 2 Appartements und ein eigenes Restaurant.
www.televrin.com
GPS 44.65940, 14.39777

Camping Village Poljana

Rujnica Ulica, HR-51550 Mali Lošinj
Das Areal bietet moderne Bungalows. Es liegt im engsten Teil der Insel und grenzt an beiden Seiten ans Meer. Mit eigenem Restaurant.
GPS 44.55580, 14.44238

KOMBINATIONSMÖGLICHKEITEN

Man kann über die Brücke von Krk zurück auf die Küstenstraße und von dort aus auf die Jadranska Magistrala. Alternativ setzt man von Mali Lošinj aus per Nachtfähre nach Zadar über, um dort die in diesem Reiseführer beschriebene Route Nord-Dalmatien in Angriff zu nehmen. Eine weitere Möglichkeit ist: Man fährt von Mali Lošinj zurück nach Krk und setzt dort am Fährhafen Valbiska nach Lopar, im Norden der Insel Rab gelegen, über. Auch Rab hat Motorradreisenden so einiges zu bieten. Am besten lässt man sich einmal quer über die Insel treiben und nimmt im Süden dann die Fähre zurück zum Festland. Dort kommt man in Strinica, unterhalb des Velebit-Nationalparks und nördlich von Karlobag, an.

Rund um **Zagreb**

In der Hügellandschaft Zagorje – vor den Toren der kroatischen Hauptstadt Zagreb – leben vermutlich die meisten Gläubigen des Landes. Dies lässt zumindest die stattliche Anzahl an Kirchen, Kapellen und Kruzifixen, die sich gerne auf Hügeln über der Landschaft erheben, vermuten. Für Motorradreisende ist die Zagorje eine noch weitgehend unbekannte Region, dabei sind im Nordwesten des Landes vielerlei fahrerische Schmankerl zu entdecken.

Liebliche, grüne Hügel machen die Landschaft in der Zagorje aus.

TOUREN-STECKBRIEF

START- UND ZIELORT
Kumrovec (46.07659, 15.68023)
Zagreb (45.81512, 15.97442)

STRECKENLÄNGE
ca. 220 km

DAUER DER TOUR
5-7 Stunden, Empfehlung: zwei Tagesabschnitte

ROADBOOK
Kumrovec, Desinić, Pregrada, Krapina, Bednja, Lepoglava, Ivanec, Varaždin, Marija Bistrica, Sljeme, Zagreb

HIGHLIGHTS
Die Zagorje ist für ihre vielen Burgen und Schlösser bekannt. Besonders sehenswert ist Veliki Tabor (46.15496, 15.65087) und Schloss Trakošćan (46.25767, 15.94573). Sehenswert ist auch der Marien-Wallfahrtsort Marija Bistrica (46.00365, 16.11898). Weiteres Highlight ist die Fahrt hinauf auf den Sljeme (45.89906, 15.94825), den Hausberg von Zagreb.

Im Dorf Vuglec
Breg.

Ptuj
Ptujski grad
Dornavski grad
ORMOŽ
ČAKOVEC
Stari Dvor Zrinskih
Međimurje
SLOVENIJA
HRVATSKA
Ormoško jezero
Drava
VARAŽDIN
Stari Grad
Katedrala Marijina Uznesenja
Brigardirsko jezero
Trakošćansko jezero
Trakošćan
Dvorac Trakošćan
Lepoglava
Samostanska crkva Lepoglava
Ivanec
Ivanščica
Varaždinsko-toplićko gorje
Varaždinske Toplice
Novi Marof
Kalnik
Krapina
Muzej Hušnjakovo
Crkva Jeruzalemske Božje Majke
Zlatar
Dvorac Zajezda
Marija Snježna
Zlatar Bistrica
Konjščina
Krapinske Toplice
Tuheljske Toplice
Zabok
Bedekovčina
Oroslavje
Stubičke Toplice
Gornja Stubica
Dvorac Gornja Stubnica
Marija Bistrica
Crkva Marija Bistrica
Sv. Ivan Zelina
Vinograd Sv. Ivan Zelina
Medvednica
Sljeme 1035
Medvedgrad
Jakovlje
Zaprešić
Dvorac Januševec
Dvorac Lužnica
ZAGREB
Spilja Veternica
Katedrala
Sesvete
Dugo Selo
Sv. Martina
Vrbovec
Sava
Vinogradmštro Haloze
Borl grad
Vinska cesta
Jeruzalem cerkev
Andautonia
Ščitarjevo

Das Dorf Kumrovec beherbergt heute ein Freilichtmuseum.

Die *Zagorje*: Diese von den meisten Kroatien-Besuchern sträflich vernachlässigte Region im Nordwesten der kroatischen Hauptstadt gelegen, heißt wörtlich übersetzt „Land hinter dem Gebirge". Damit ist der Gebirgszug Medvednica gemeint, der *Zagreb* vorgelagert ist. Die Zagorje bildet zum einen das Grenzgebiet zu Slowenien, weiß aber zum anderen mit viel spannender Kultur und einer reichen Historie aufzuwarten, die man diesem weißen Fleck auf der touristischen Landkarte kaum zutraut.

Miniatur-Straßen

Für Motorradreisende ideal sind die unzähligen Miniatur-Straßen, die sich hier kreuz und quer auf und um hunderte von Hügeln ziehen. Auf ihnen finden sich nicht nur kleine Hütten und regionaltypische Bauernhäuser, vor allem sakrale Bezüge sind in diesem Gebiet tatsächlich mehr als präsent. Auf jedem Gipfel scheint sich entweder eine Marien- oder Jesus-Kapelle oder zumindest ein Kreuz zu befinden.

Dies mag den einen oder anderen zunächst verblüffen, handelte es sich bei Jugoslawien, dem Vielvölkerstaat zu dem Kroatien bis zur Erklärung seiner Unabhängigkeit im Jahre 1991 gehörte, schließlich um eine Sozialistische Föderative Republik. In der Tat war der Staatsgründer Josip Broz Tito (1892–1980) selbst aber nicht grundsätzlich kirchenunfreundlich eingestellt. In den Anfangsjahren versuchte er zwar noch, einen Bruch mit Rom herbeizuführen, um eine Nationalkirche zu erschaffen. Diplomatische Beziehungen zwischen dem Vatikan und Belgrad, der damaligen Hauptstadt, wurden in diesem Zuge für einen Zeitraum von 20 Jahren eingestellt.

Die Oberhirten vor Ort weigerten sich jedoch, diesen Weg mitzugehen. Viele von ihnen ließ der kommunistische Machthaber daraufhin sogar verhaften. Überdies wurden Teile des Kirchenbesitzes konfisziert und der Religionsunterricht aus den Schulen zeitweise verbannt. Parteigenossen war die Zugehörigkeit zu einer Religionsgemeinschaft zudem offiziell untersagt. Doch ähnlich wie in Polen ließ sich das Volk seinen Glauben nicht nehmen. Vor allem im ländlichen Bereich hatte – bis heute – besonders der Marienkult eine große Bedeutung. Die Menschen strömten unverdrossen weiter in die Gotteshäuser, machten sich zu Wallfahrten auf und schmückten ihre gute Stube mit bunt geschmückten Kruzifixen. In den späten 1960er Jahren lenkte Tito schließlich ein und ließ sich auf eine friedlichen Koexistenz zwischen politischer Ideologie und persönlichem Glauben ein.

Titos Geburtsort

Ein guter Ausgangspunkt für ausgedehnte Touren ist das kleine Dorf *Kumrovec* gleich hinter der slowenischen Grenze. Ein jeder, der in den Staaten des ehemaligen Jugoslawiens aufgewachsen ist, weiß sofort, was sich dahinter verbirgt. Ausländischen Besuchern dagegen muss meist erklärt werden, dass es sich dabei um den Geburtsort von Tito handelt. Ein offizielles Hinweisschild fehlt. Touristisch

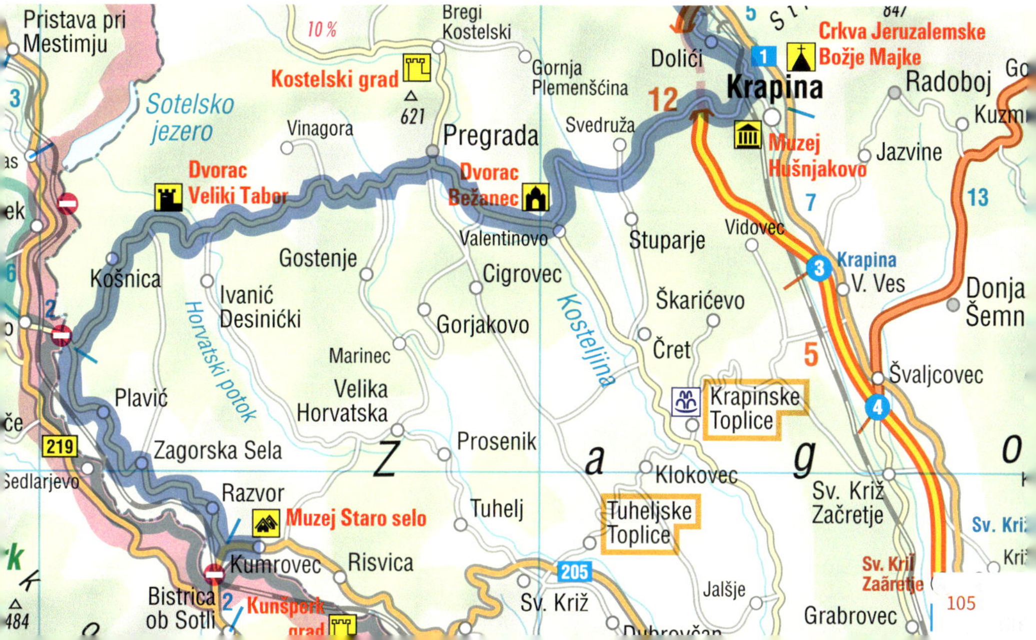

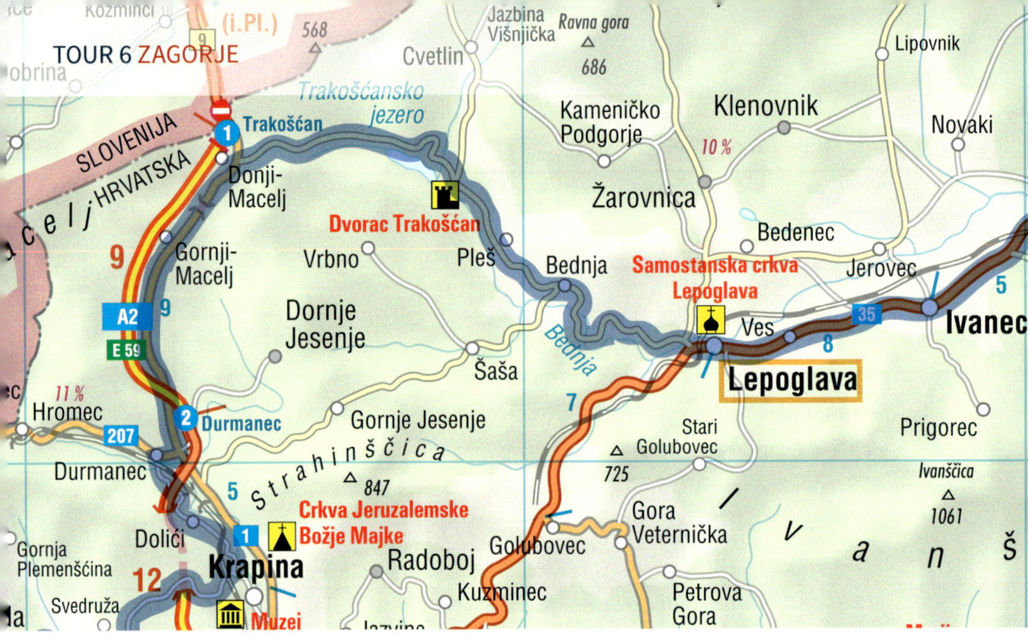

vermarktet wird Kumrovec lediglich als „Staro selo" – also altes Dorf. Die Erklärung im örtlichen Informationszentrum lautet schlicht: Es wisse doch jeder, dass das hier Titos Dorf sei…

Noch zu dessen Lebzeiten wurden die 35 Häuser, inklusive seinem Geburtshaus, in ein Freilichtmuseum umgewandelt. Sie geben einen guten Einblick in die Lebensumstände des Präsidenten zu Kindheitszeiten. Zudem lässt sich hier manches über die jugoslawische und ebenso einiges über die kroatische Geschichte in Erfahrung bringen. Etwa an dem Obelisken zu Ehren von Antun Mihanović, der die Nationalhymne Kroatiens – Unsere schön Heimat (kroatisch: Lijepa naša domovino) – im Jahre 1835 geschrieben hat. In der Saison kann man überdies dem Sattler über die Schulter schauen und für kleines Geld einen Gürtel oder Portemonnaie käuflich erwerben. Spannend ist es auch, dem Schmied oder den Damen, die schmucke Kerzen in Handarbeit erstellen, bei der Arbeit zuzusehen.

Tito stammt gebürtig aus der Zagorje. In seinem Geburtsort wird ihm gehuldigt.

Burg Veliki Tabor

Entlang der slowenischen Grenze führt diese Tour dann weiter in nördlicher Richtung zur UNESCO-prämierten Burg Veliki Tabor. Sie thront in 334 Metern Höhe oberhalb des Ortes ***Desinić*** und stammt ursprünglich aus dem 12. Jahrhundert. Ihr heutiges Aussehen entstand aber erst zwischen dem 15. und 16. Jahrhundert. Das besondere an ihr ist, dass sie einen fünfeckigen Burgturm hat, an dem sich verschiedene halbkreisförmige Türme anschmiegen. Außerdem wurden gleich zwölf unterschiedliche Dachformen für das Ensemble erstellt.

Auf den gut 3 340 Quadratmetern in Inneren sind verschiedene Sammlungen zu besichtigen. So stehen ein Heimatmuseum, ein kleines Kriegsmuseum, eine Kunstgalerie aber auch eine Sammlung alter Fahrzeuge für neugierige Blicke zur Verfügung.

Weinbau auf den Hügeln

Idyllisch durch Täler und vorbei an Gehöften, in denen die Zeit schon vor Ewigkeiten stehengeblieben zu sein scheint, geht es in östlicher Richtung weiter. In diesem Teil des Landes wird auf den Feldern noch von Hand gemäht, gesät und eingebracht. Einige Rebstöcke verraten den Anbau von Wein – sowohl für den Eigenbedarf als auch immer häufiger für den offiziellen Verkauf.

Der nächste nennenswerte größere Ort heißt ***Pregrada*** (was wörtlich vor der Stadt meint) und wäre mit seiner Einwohnerzahl von gerade einmal 7 000 Menschen nicht weiter erwähnenswert, würde er nicht ein ungewöhnlich imposantes Gotteshaus scheinbar mitten im Nirgendwo vorweisen können. Bei der Pfarrkirche St. Mariä Himmelfahrt handelt es sich um einen einschiffigen Bau mit Kuppeldach über dem Langhaus. Außergewöhnlich sind die zwei Glockentürme an der Stirnseite aus dem 19. Jahrhundert, die jeweils 45 Meter hoch sind. Auch ihretwegen erhielt die Kirche den Beinamen „Kathedrale von Zagorje", obwohl sie mangels Bischofssitz keine solche ist.

Der weitere Weg führt nach ***Krapina*** und zu einer meterhohen Neandertaler-Figur im Zentrum des Ortes. Diese verweist auf das 2010 gegrün-

Schmuckes Inneres der Kathedrale von Zagorje.

dete Neandertalermuseum, welches nicht zufällig an dieser Stelle zu finden ist. Einem Geologen mit Namen Dragutin Gorjanović-Kramberger ist die Erkenntnis zu verdanken, dass die ausgestorbenen Vorfahren des Homo Sapiens sich nicht nur im namensgebenden Neandertal in Nordrhein-Westfalen, sondern auch in dieser Gegend Europas getummelt haben. 1899 bereits begann er mit den Grabungen, die schließlich zu Überresten von mindestens 23 Vorzeitmenschen führten. Schätzungen zufolge müssen sie vor gut 130 000 Jahren in diesem Gebiet gelebt haben.

Über dem Flusstal der Bednja thront das Schloss Trakošćan.

Auf den folgenden Kilometern ist dann wieder Fahrspaß pur garantiert. Die kleine, aber gut ausgebaute Straße schraubt sich in unzähligen, teils durchaus engen Kurven durch das mit dichten Tannen bewaldete Gebiet mit Namen ***Ravna Gora*** – was in der Landessprache kurioserweise gerader Berg bedeutet – und führt an einem sehenswerten See vorbei.

Schloss Trakošćan

Dieser wurde schon im Mittelalter künstlich angelegt und ist bis heute aufgrund seiner Fischbestände bei Anglern aus Nah und Fern beliebt. Seine Existenz verdankt der See, ebenso wie der nächste Halt – das Schloss Trakošćan im ***Bednja-Flusstal*** und nahe der Gemeinde ***Bednja*** gelegen – der Adelsfamilie Drašković.

Schon seit dem 13. Jahrhundert wacht das Schloss über diesen Teil der Zagorje auf einem Felsen und war – bis zu Titos Machtübernahme – fast 500 Jahre lang im Besitz jener Adelsfamilie. In den ersten Jahrhunderten diente es zunächst als Wehranlage, Ende des 19. Jahrhunderts wurde es in ein Wohnschloss umgebaut und erhielt sein heutiges Aussehen.

Seit 1952 ist es nun schon ein zeitgeschichtliches Museum. Neben prächtigen Sälen beherbergt es eine Waffensammlung sowie fast alle Werke von Julijana Erdödi-Drašković. Sie war eine der ersten Frauen, die sich an einer Akademie zur Malerin ausbilden las-

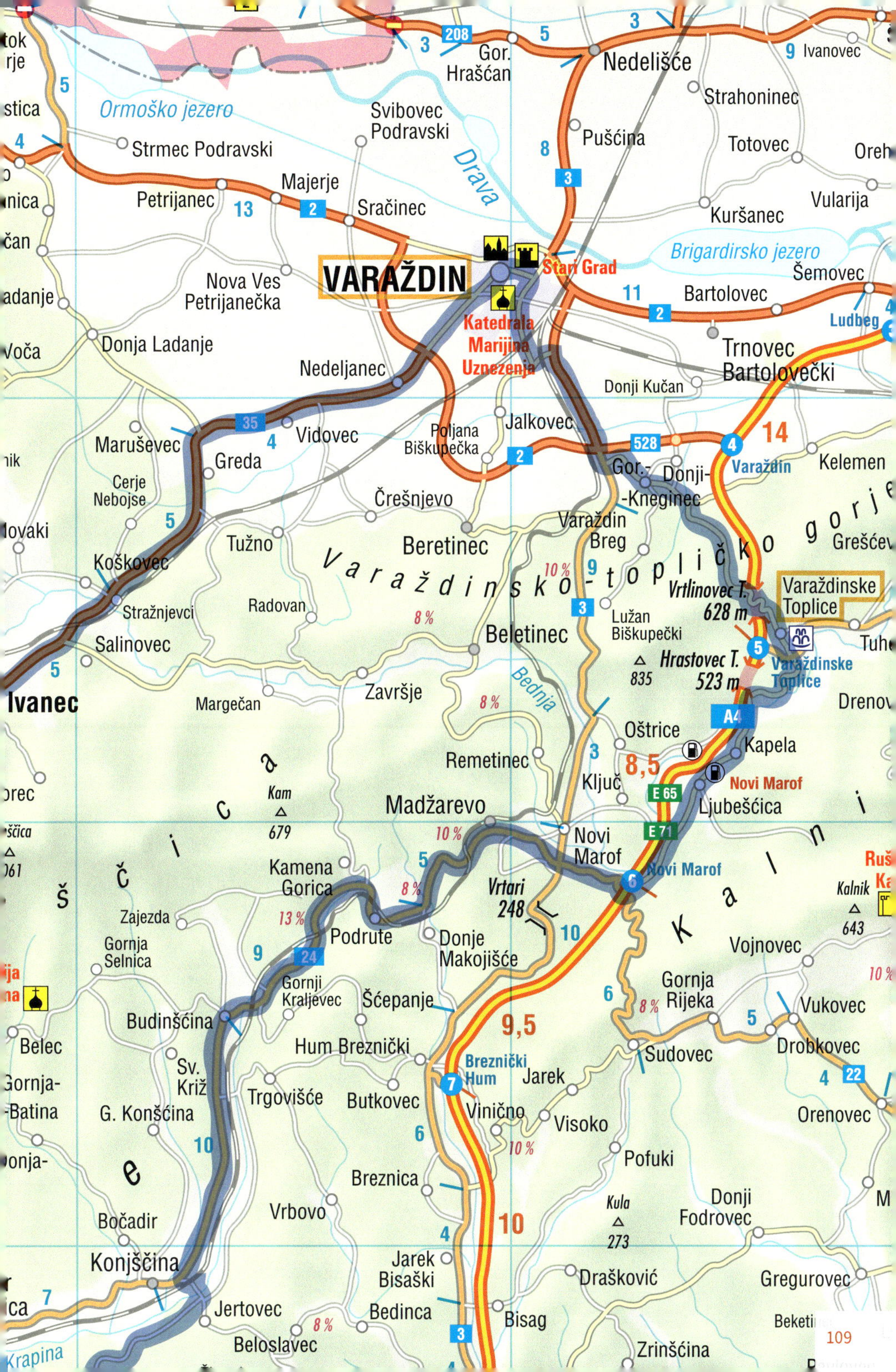
VARAŽDIN
Stari Grad
Katedrala Marijina Uznezenja
Ormoško jezero
Brigardirsko jezero
Drava
Bednja
Nedelišće
Gor. Hraščan
Ivanovec
Strahoninec
Puščina
Totovec
Kuršanec
Vularija
Šemovec
Bartolovec
Trnovec Bartolovečki
Ludbeg
Strmec Podravski
Svibovec Podravski
Petrijanec
Majerje
Sračinec
Nova Ves Petrijanečka
Donja Ladanje
Nedeljanec
Donji Kučan
Jalkovec
Poljana Biškupečka
Maruševec
Greda
Vidovec
Cerje Nebojse
Črešnjevo
Gor.-Kneginec
Donji-Kneginec
Varaždin
Kelemen
Varaždinsko-toplička gorje
Varaždin Breg
Beretinec
Tužno
Koškovec
Stražnjevci
Radovan
Salinovec
Ivanec
Vrtlinovec T. 628 m
Hrastovec T. 523 m
Varaždinske Toplice
Lužan Biškupečki
Beletinec
Margečan
Završje
Oštrice
Kapela
Novi Marof
Ljubešćica
Remetinec
Ključ
Madžarevo
Novi Marof
Kam 679
Kamena Gorica
Zajezda
Gornja Selnica
Podrute
Donje Makojišće
Vrtari 248
Kalnik 643
Vojnovec
Gornja Rijeka
Vukovec
Drobkovec
Sudovec
Orenovec
Budinšćina
Gornji Kraljevec
Šćepanje
Hum Breznički
Breznički Hum
Jarek
Sv. Križ
Trgovišće
Butkovec
Viničnо
Visoko
Pofuki
G. Konšćina
Breznica
Vrbovo
Kula 273
Donji Fodrovec
Bočadir
Konjšćina
Jarek Bisaški
Draškovič
Gregurovec
Jertovec
Bedinca
Bisag
Beloslavec
Zrinšćina
Belec
Krapina
Ivanščica
Kalnik
208
35
528
A4
E 65
E 71
24
22
2
3
8 %
10 %
13 %
9,5
8,5
14
10
835

Im Schloss von Varaždin ist heute das Stadtmuseum untergebracht.

sen durfte. Mit gut 40 000 Besuchern im Jahr ist Trakošćan das meistbesuchte Schloss Kroatiens. Wer ausreichend Zeit einplant, kann bei gutem Wetter zudem einen Teil der äußert gepflegten und 87 Hektar großen Parkanlage zu Fuß erkunden.

Ehemalige Hauptstadt

Über ***Lepoglava*** und ***Ivanec*** führt diese Tour in östlicher Richtung weiter nach ***Varaždin***. Für kurze Zeit, genauer von 1756 bis 1776, war die sehenswerte Stadt sogar Hauptstadt des damals hier existierenden „Königreiches Kroatien, Slawonien und Dalmatien", einem weitgehend autonomen Herrschaftsgebiet innerhalb der Habsburgermonarchie. Unter der Herrschaft von Kaiserin Maria Theresia erlebte es einen wirtschaftlichen Aufschwung sondergleichen, waren die Zeiten zuvor doch größtenteils von kriegerischen Auseinandersetzungen gegen die Osmanen geprägt. Die Erzherzogin ließ hier in dieser Zeit auch den „Kroatischen königlichen Rat" gründen. Dieser gilt als Vorläufer des ersten kroatischen Parlamentes. 1776 allerdings zerstörte ein Brand große Teile von Varaždin, und bevor alles wieder aufgebaut werden konnte, zog der Rat nach Zagreb um und macht diese Stadt zur neuen Hauptstadt – was sie bis heute geblieben ist.

Nichtsdestotrotz gilt Varaždin als die nach Zagreb wirtschaftlich erfolgreichste Stadt des Landes. Dies ist vor allem den diversen Bekleidungsherstellern, Metall verarbeitenden Unternehmen sowie Lebensmittelproduzenten zu verdanken. Entsprechend vielfältig ist das über den stattlichen und sehr schmucken barocken Kern mit seinen zahlreichen Palästen verteilte Angebot an Restaurants und Kneipen.

Das kulturelle Angebot Varaždins hat zahlreichen Museen und Galerien zu bieten. Außerdem lohnt sich der Blick auf katholische Ordensniederlassungen, etwa der Franziskaner oder der Ursulinen. Nicht weit entfernt befindet sich mit ***Varaždinske Toplice*** das älteste Heil- und Kurbad Kroatiens. Es bietet heiße Quellen mit Temperaturen von 58 Grad, was einen eigenen Besuch wert ist.

Über eine abermals bestens ausgebaute Kurvenstraße geht alsdann gen Süden zu einem kulturhistorischen Highlight der ganz besonderen Art: ***Marija Bistrica***. Der Ort – eine wörtliche Zusammensetzung aus den Wörtern Maria und dem dort befindlichen Fluss Bistrica – ist der größte, bekannteste und vor allem meist besuchte Wallfahrtsort des Landes. Obgleich vom Vatikan als solcher nie anerkannt, verlieh ihm der verstorbene Papst Johannes Paul II. eine besondere Ehre, als er 1998 hier Kardinal Stepinac selig sprach.

Schwarze Madonna

Ob nun im römisch-katholischen Sinne gültig oder nicht: Gläubige sind hier in der Zeit von Anfang April bis Ende Oktober nahezu immer zu finden. Wenig verwunderlich, bei gut 50 professionell organisierten Pilgerfahrten pro Jahr. Der Grund ist die Schwarze Madonna. Diese Skulptur wurde seit 1545 einige Male aus Furcht vor Plünderungen in eine Wand der Kirche der heiligen Peter und Paul eingemauert. Dies überstand sie ebenso wie den gro-

Barock geprägte Altstadt von Varaždin.

STÄDTE-TIPP: ZAGREB

Kroatiens Hauptstadt

Ein kroatisches Sprichwort besagt: „Wien ist die Mutter Zagrebs, Budapest die Tante, Graz und Ljubljana die lieblichen Schwestern". Doch bei einem Bummel durch die kroatische Hauptstadt wird schnell klar, dass Zagreb sehr viel mehr zu bieten hat, als bloß die Miniaturausgabe anderer Metropolen zu sein. Das Zentrum lässt sich grob in drei Teile einteilen.

DONJI GRAD: Damit ist die Unterstadt gemeint. Der neuere Teil Zagrebs entstand vor allem im 19.

Jahrhundert. Sehenswürdigkeiten sind unter anderem der Botanische Garten, das Nationaltheater und natürlich allerlei Shoppingzentren.

GORNJI GRAD: Zagrebs Oberstadt ist der ältere und versprüht mit ihren engen Gassen noch den Hauch des Mittelalters. Dieser Teil wurde bereits im 13. Jahrhundert planmäßig angelegt. Die Stadtmauer mit ihren ursprünglich vier Toren ist teilweise noch vorhanden. Der Lotrščak-Turm ist neben der Markuskirche die bekannteste Sehenswürdigkeit der Oberstadt. Er diente ursprünglich als Wehrturm: mit dem Leuten der Glocke wurde die Schließung der Stadttore angekündigt. Heute feuert die Kanone täglich pünktlich um 12 Uhr einen Schuss ab. Touristen erschrecken sich regelmäßig und die Einheimischen schauen auf die Uhr, um deren Genauigkeit zu prüfen. In der Oberstadt befinden sich unter anderem das Parlamentsgebäude und zahlreiche sehenswerte Museen. Kurioserweise auch das ***Museum of Broken Relationships***. Es ist das weltweit einzige, das sich mit zerbrochenen Liebesbeziehungen auseinandersetzt.

www. brokenships.com

TRG BANA JELAČIĆA: Der Ban-Jelačić-Platz befindet sich seit dem 17. Jahrhundert zentral zwischen Unter- und Oberstadt. Hier startet die **USPINJAČA:** Eine Zahnradbahn, die Unter- und Oberstadt miteinander verbindet. Eröffnet wurde sie im Jahre 1888. Die Beförderung kostet 4 HRK, umgerechnet also knapp über 50 Cent.

KATHEDRALE: Geweiht ist sie sowohl der Jungfrau Maria als auch den Heiligen Stephan und Ladislaus. Mit ihren beiden weit sichtbaren Türmen gehört sie zu den höchsten Gebäuden des Landes. Die Ursprünge stammen aus dem zehnten Jahrhundert. Vollendet wurde das Gotteshaus ab Ende des 13. Jahrhunderts im gotischen Stil.

KRAWATTE: Als Mitbringsel einfallslos? Dies mag überall auf der Welt stimmen, außer eben in Kroatien, denn hier wurde sie erfunden. Die Bezeichnung leitet sich vom französischen à la cravate (also nach kroatischer Art) ab. Während des Dreißigjährigen Krieges (1618-1648) hatten die Mitglieder der kroatischen Kavallerie ihr Halstuch auf die noch heute bekannte Art und Weise zu binden. Als Einheit der französischen königlichen Armee wurde 1664 sogar das kroatische Regiment Royal Cravattes gegründet. Die Firma Croata hat sich auf die Produktion edler Krawatten spezialisiert und betreibt im ganzen Land Shops. Alleine in Zagreb sind es fünf. **www.croata.hr**

KULINARIK: Die Stadt hat mit dem Zagrebački odrezak eine eigene Spezialität, die im Grunde ein mit Schinken und Käse gefülltes Cordon bleu ist, mitunter aber bis zu 50 Zentimeter lang sein kann.

www.infozagreb.hr

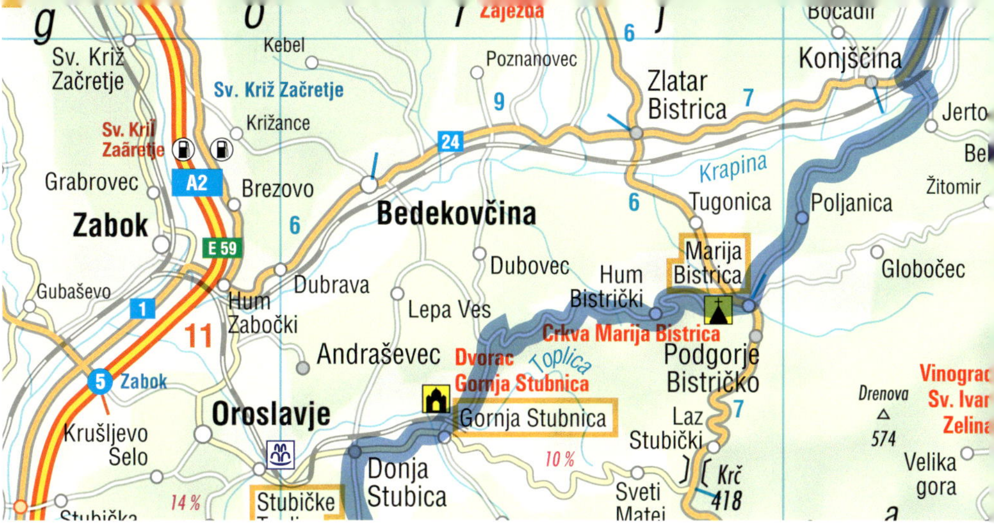

ßen Brand von 1880, bei dem die Kirche vollkommen zerstört wurde, unbeschadet. Selbst die schwarze Farbe lässt sich nicht entfernen und natürlich werden ihr diverse Wunder zugewiesen. Ob man nun daran glaubt oder nicht: Sehenswert ist dieser Ort mit der heutigen Kirche aus dem 19. Jahrhundert allemal. Wer Zeit und Muße hat, kann auch die Stationen des Kreuzweges abschreiten, die hoch auf einen Hügel führen – dann allerdings nur ohne Motorrad.

Dieses kann aber dann im letzten Abschnitt dieser vorgeschlagenen Tour beweisen, was es drauf hat, denn nur wenige Kilometer trennen Marija Bistrica vom ***Medvednica-Gebirge***, das die Zagorje von Kroatiens Hauptstadt Zagreb trennt – und dieses erweist sich als perfekter Spielplatz für Motorradfahrer. >

Marija Bistrica ist der bekannteste Wallfahrtsort Kroatiens.

Der markante Fernsehturm auf Zagrebs Hausberg.

Der Gipfel heißt *Sljeme*, befindet sich auf 1035 Metern Höhe und hat sich gut in einem dichtem Waldgebiet versteckt. Eine beeindruckende Spitze, wie sonst in den Alpen, sucht man hier zwar vergebens. Doch dafür bietet die Anfahrt Fahrvergnügen ohnegleichen. Die Straße ist ordentlich asphaltiert, so dass die Kurven und Steigungen in durchaus zügigem Tempo erklommen werden können.

Empfehlenswert ist es, die Wochenenden zu meiden, da der Sljeme bei den Zagrebern an diesen Tagen ein beliebtes Ausflugsziel ist. Dies gilt übrigens auch im Winter, da man hier ganz hervorragend Skifahren kann.

Dafür sorgt eine drollige Einbahnstraßenregelung auf der Südseite hinunter nach Zagreb für ein flottes Fortkommen. Diese Verkehrsführung ist beim Abzweig zum markanten 169 Meter hohen Fernsehturm aus den 1970er Jahren schon gut zu erkennen. Hier kann man sich im Restaurant mit leckerem Kuchen und Kaffee stärken, bevor es dann in die Hauptstadt Kroatiens hinunter geht.

Oben lohnt sich ein Panoramablick auf die Eine-Million-Metropole. Gleiches gilt für die Fahrt auf der Straße über den „Botschafter-Hügel“: Eine äußerst schicke Villa steht neben der anderen. Für die Erkundung der Stadt sollte man zum Ende der Tour dann mindestens einen, wenn nicht sogar mehrere Tage einplanen. ◀

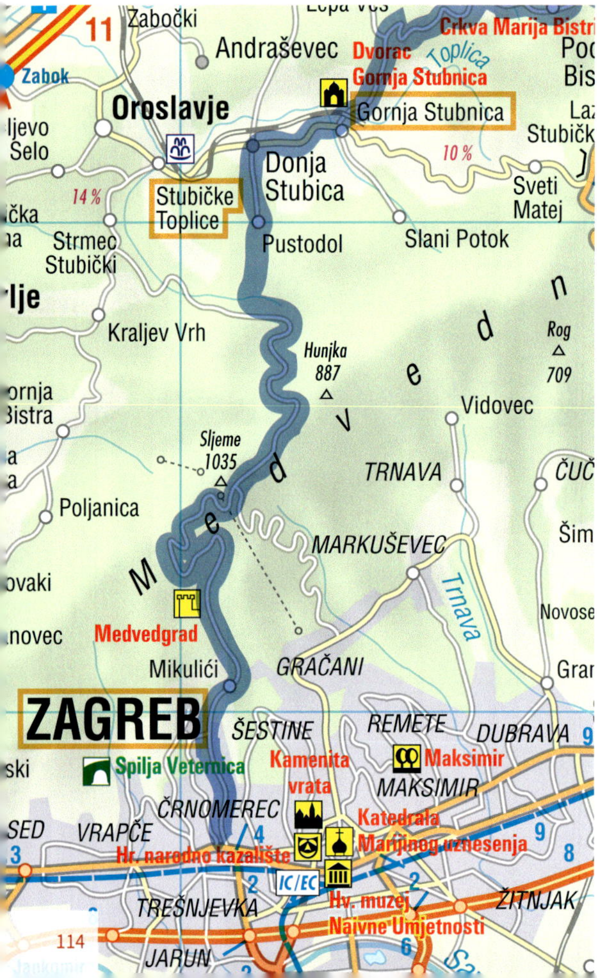

INFOS ZUR TOUR

CHARAKTERISTIK

Die kleinen Kurvenstraßen in der Zagorje können es mitunter in sich haben. Teilweise sind sie vor allem in der Berghöhen recht schmal und steigen steil an. Diesbezügliche Erfahrung sollte man daher mitbringen. Die Fahrt auf Zagrebs Hausberg ist ein fahrerisches Vergnügen sondergleichen.

ÜBERNACHTUNG

Vuglec Breg

Škarićevo 151, HR-49000 Krapina

Die Familie Vuglec hat ein kleines, auf einem Hügel gelegenes Dorf komplett restauriert und liebevoll in eine Urlaubsoase verwandelt. Man wohnt urig, aber mit allem nötigen Komfort. Gespeist wird im hervorragenden Restaurant.

www.vuglec-breg.hr

GPS 46.11781, 15.84840

Tonkina kuća

Brezova Gora 1/i, HR-42253 Bednja

Das schöne B&B liegt direkt an der schönen Kurvenstrecke der Ravna Gora und nur gut drei Kilometer von Schloss Trakošćan entfernt. In der Gemeinschaftsküche kann man sich selbst verpflegen oder die Grillgelegenheit auf der Terrasse nutzen.

www.tonkina-kuca.hr

GPS 46.26643, 15.92122

Art Hotel Like

Vlaška ul. 44, HR-10000 Zagreb

Modernes 3-Sterne Designerhotel im Herzen der Unterstadt gelegen. Frühstück gibt es im Haus, Restaurants sind in der Umgebung in ausreichender Zahl zu finden. Das Hotel kooperiert mit einem in direkter Nähe befindlichen Parkplatz, wo man zu vergünstigten Preisen sein Motorrad sicher abstellen kann.

www.arthotellike.hr

GPS 45.81388, 15.98374

KOMBINATIONSMÖGLICHKEITEN

Wer hier noch nicht genügend Kurven aufgesogen hat, kann im Nordosten Sloweniens dahingehend weiter austoben. Spannend wäre von Zagreb auch die Erkundung von Slawonien, Kroatiens nördöstlichster Region.

Alpentourer
HONDA

Durch das **Winnetouland**

Viel Adria, aber auch spannendes Hinterland mit einem sehenswerten Canyon und einem der wenigen Pässe des Landes wollen auf dieser Tour genossen werden. Filmfans werden sich unterwegs vermutlich manches Mal ungläubig die Augen reiben, weil sie viele Landschaften schon kennen – durch die Verfilmungen der berühmten Karl May-Bücher rund um Winnetou und Co. aus den sechziger Jahren.

Der Krka-Nationalpark darf offiziell mit dem Motorrad durchfahren werden.

TOUREN-STECKBRIEF

START- UND ZIELORT

Fužine (45.30504, 14.71352)
Split (43.50728, 16.43992)

STRECKENLÄNGE

ca. 420 km

DAUER DER TOUR

7-9 Stunden, Empfehlung für diese Tour: 1-2 Tage

ROADBOOK

Fužine, Križišće, Mali Dol, Drivenik, Tribalj, Novi Vinodolski, Senj, Karlobag, Smiljan, Gospić, Gračac, Prezid-Pass, Muškovci, Zrmanja-Canyon, Obrovac, Laškovica, Krka-Nationalpark, Pakovo Selo, Kaštel Stari, Split

HIGHLIGHTS

In Karlobag zweigt eine Straße hinein in den Velebit-Nationalpark zum Aussichtspunkt Kubus Ura (44.52856, 15.14381). Die Fahrt zum Zrmanja-Canyon (44.19821, 15.7678) macht ebenfalls mächtig Laune.

Velebit mit Aussicht.

Villach
Klagenfurt
Maribor
A5
M7
A2
A1
E57
A4
Ljubljana
E59
A2
E65
E71
2
A1
E61
A2
Zagreb
Virovitica
Trieste
E70
A1
A3
E63
Karlovac
Rijeka
A8
6
E71
21
E65
1
A9
16
8
Pula
Bihać
Banja Luka
5
Zadar
A1
E65
1
8
Ancona
Šibenik
E71
Split
24

Wenngleich diese Tour in ihrem späteren Verlauf für lange Zeit entlang der Adria verläuft, lohnt es sich, sie auf der kroatischen Hochebene ***Gorski Kotar*** gleich hinter der slowenischen Grenze im ***Nationalpark Risnjak*** beginnen zu lassen. Der Nationalpark wird optisch von dem 1528 Meter hohen ***Veliki Risnjak*** dominiert, ist in seinem Inneren stark bewaldet, und die Straßen sind ein wahrer Kurventraum.

Unterwegs sollte man die Augen offen halten und seine Blicke immer mal wieder in die Höhe richten, denn das Gebiet ist die Heimat von zahlreichen Adlern, die am Himmel ihre Bahnen ziehen. Außerdem sind auch Braunbären, Wölfe und Luchse hier zu Hause. Allerdings ist es mehr als unwahrscheinlich, diese scheuen Tiere tatsächlich zu erblicken.

Aufgrund seiner Infrastruktur ist ***Fužine*** ein guter Ausgangspunkt. Es handelt sich dabei um eine kleine Gemeinde mit einem Hotel, diversen Gaststätten und einer Tankstelle. Zudem kann sie mit ihrer tollen Lage punkten. Umgeben von gleich drei Seen und schier endlosen Wäldern hat sich Fužine im Laufe der vergangenen Jahren zu einem ein Zentrum für Jäger und Wanderer, aber auch für Enduristen entwickelt, die hier motorisiert und ganz legal auf Wanderschaft gehen können.

Oberhalb der Magistrala

Die ersten Kilometer dieser Tour verlaufen noch in luftigen Berghöhen. Von oben aus kann man immer wieder schöne Ausblicke auf die Adria – genauer die ***Kvarner Bucht*** – erhaschen. Kein Wunder, schließlich ist Fužine in Luftlinie gerade einmal 30 Kilometer von ***Rijeka*** entfernt. Es geht im Prinzip parallel zur ***Jadranska Magistrala*** zunächst an kleinen Siedlungen wie

Diese kargen Gesteinsformationen säumen den Weg durch den Krka-Nationalpark.

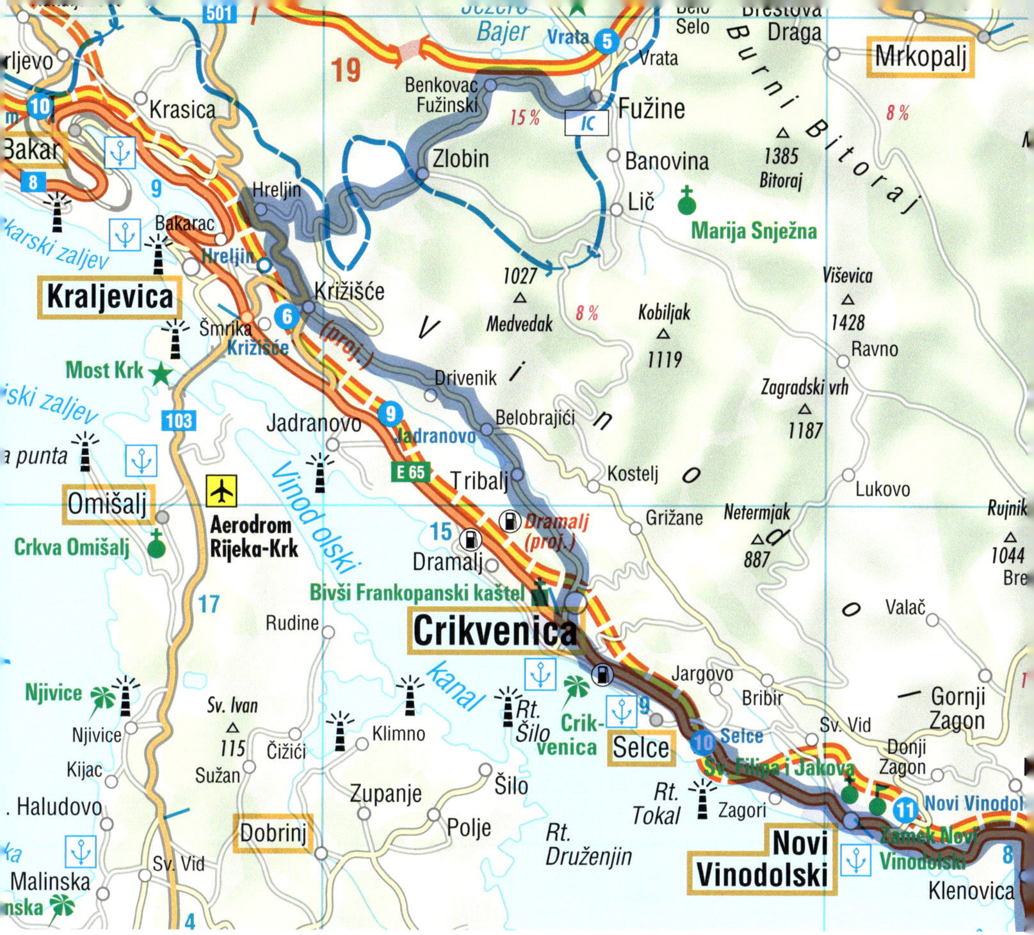

Križišće, Mali Dol und *Drivenik* vorbei. Diese sind heutzutage kaum noch bevölkert, da die Bewohner durch den Bau der Straße im 18. Jahrhundert die Möglichkeit hatten, fortzugehen.

So lebten die Einwohner von Drivenik beispielsweise zunächst innerhalb der Mauern der gleichnamigen Burg. Als die Straße kam, wurde die Burg aufgegeben. Sie blieb aber, weil zumindest die Kirche und der Friedhof weiter genutzt werden, einigermaßen gut erhalten und kann besichtigt werden.

In *Tribalj* zweigt die schön zu fahrende Bergstraße dann schließlich Richtung Adria ab. Von hier aus sind es nur noch wenige Kilometer bis zum Meer und der Jadranska Magistrala, die fortan auf einem Teilstück unter die Räder genommen wird. Man befindet sich hier im östlichen Teil der Kvarner Bucht, der bei Strandurlaubern äußerst beliebt ist.

Besonders in den Monaten Juli und August ist dementsprechend mit mächtig viel Verkehr zu rechnen. Das erste touristische Zentrum, auf das man auf der Küstenstraße trifft, heißt *Crikvenica*. Schon seit dem Ende des 19. Jahrhunderts pilgern vor allem

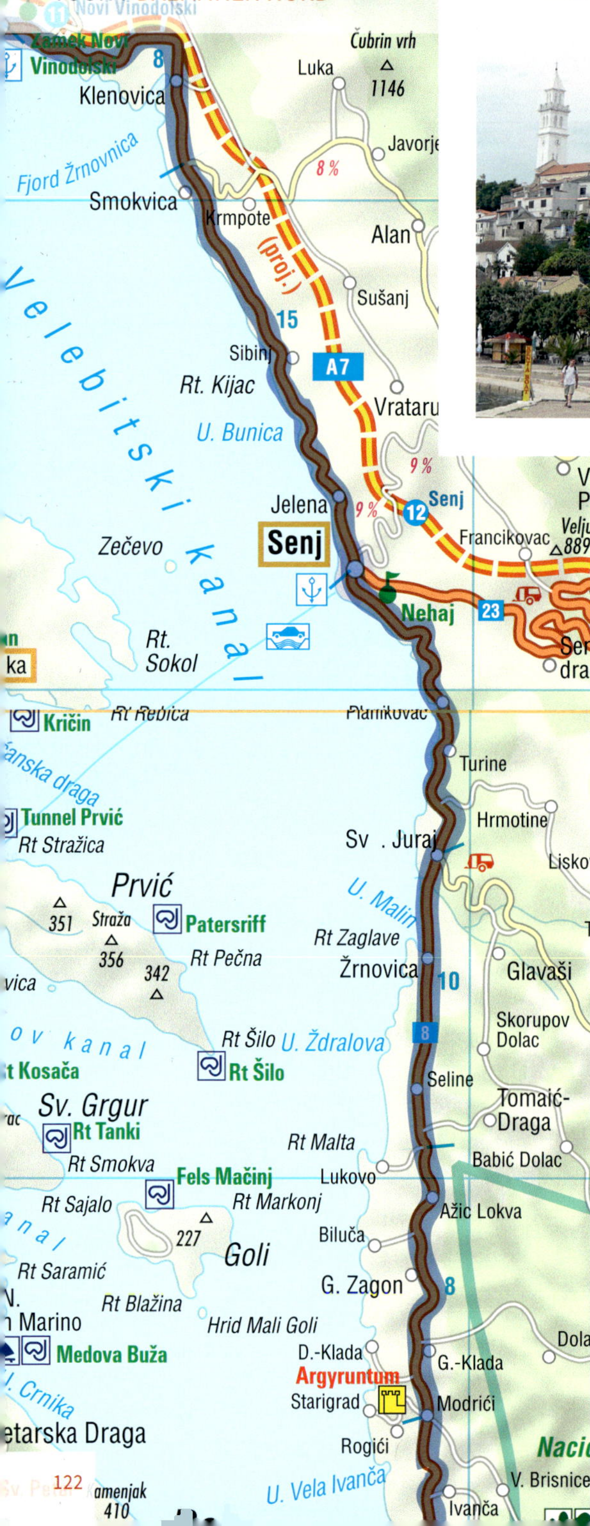

deutschsprachige Gäste in den Luftkurort, dessen klimatischen Bedingungen heilende Wirkung nachgesagt wird. Erzherzog Joseph, der Bruder des damaligen ungarischen Königs, setzte Crikvenica im Jahre 1888 offiziell in diesen Status. Zudem gibt es hier durch Anschwemmungen einen der wenigen Sandstrände an der kroatischen Adria.

Ein Stück weiter südlich in *Novi Vinodolski* geht es dagegen traditionell um Wein. Selbst seinen Namen verdankt der Ort dem Weinbau (vinodol heißt auf Deutsch Weintal). Von der Straße aus betrachtet, zeigt sich Novi Vinodolski zunächst nur wenig einladend. Davon sollte man sich allerdings nicht abschrecken lassen, denn hier zählt ausnahmsweise einmal nicht der erste Eindruck.

Um die Vorzüge kennen zu lernen, muss man allerdings einen kleinen Abstecher in die auf einem steilen Berg befindliche Altstadt hinein machen. Dort dominieren dann die Domkirche mit ihrem fast 40 Meter hohen Glockenturm und schicke weiße Fassaden das Stadtbild.

Die nächste sehenswerte Stadt – *Senj* – kann eine lange Vergangenheit vorweisen. Tatsächlich ist sie die älteste Siedlung an der oberen Adria. Schon vor über 3 000 Jahren kamen die ersten Siedler. Im Mittelalter war Senj für einige Jahre sogar eine freie Königsstadt. Die aus dieser Zeit stammende **Festung Nehaj** bestimmt zusammen mit dem Hafen das Ortsbild.

Wem die Kulisse irgendwoher bekannt vorkommen sollte, muss nicht an seinem Verstand zweifeln, zumindest wenn er die Fernsehserie „Die rote Zora" aus dem Jahr 1979 verfolgt hat. Die Handlung dieser deutsch-schweizerisch-jugoslawischen Koproduktion rund um eine Gruppe von Waisenkindern spielt in Senj und wurde seinerzeit im Gegensatz zum Kinofilm von 2008 auch hier gedreht.

Hinein ins Velebit

Die folgenden Kilometer entlang der Jadranska Magistrala machen vor allem aufgrund der landschaftlichen Ausblicke mächtig viel Spaß: Linker Hand fährt man am mächtigen Velebit-Gebirge vorbei, während man zur rechten Blicke auf die Insel *Rab* genießt. Damit ist in *Karlobag* zwar Schluss, aber keine Sorge: Der Fahrspaß wird sogar noch größer, denn man schwenkt links auf die Bundesstraße 25 ab, die einen ein Stück in den *Velebit-Gebirgszug* hinauf führt – und zwar sehr kurvenreich. Statt den modernen Tunnel zu nehmen, bleibt man auf der alten Straße, die über diesen führt und gelangt damit automatisch an das sehenswerte Denkmal *Kubus Ura*.

Hier sollte man kurz anhalten, denn von der Aussichtsplattform aus genießt man einen grandioses Panoramablick auf das Meer. Gewidmet ist der 1,25 mal 1,25 Meter große, aus Stein gemeißelte Würfel, der auf vier Stein-

Die Altstadt von Novi Vinodolski möchte zu Fuß entdeckt werden (linke Seite).

AUTOREN-TIPP

Enduristen sollten von Muškovci einen Abstecher nach **Jasenice** machen, um dort ihr wahres Wunder zu erleben. Wer sich traut, kann von dort aus das Abenteuer **Mali Alan** auf sich nehmen. Eine zusehends schmaler werdende Straße schraubt sich – über die Autobahn A1 hinweg – mitten durch scheinbar unberührte Natur. Kurz darauf ist es dann aber vorbei mit dem Asphalt. Ein lediglich mit losem Geröll bedeckter Pfad führt den Berg hinauf. Diese Schotterpiste sollte allerdings nur mit entsprechenden Maschinen und ohne Gepäck und Sozia versucht werden. Außerdem benötigt sie Zeit: Je nach Erfahrung sind bis drei Stunden für sie nötig. Lohn der Mühe ist der 1045 Meter hohe Gipfel Mali Alan.

kugeln zu balancieren scheint, dem mühsamen Bau der Straße von Karlobag nach *Gospić* im 19. Jahrhundert. Um ihn in voller Pracht betrachten zu können, ist vorher allerdings die Bezwingung einer steilen Steintreppe mit 33 Stufen zu meistern. Die folgenden gut 20 Kilometer führen gut ausgebaut und dennoch kurvenreich durch die waldreiche und hügeligen Landschaft der Lika inmitten des ***Velebit-Nationalparks***, bis man in ***Smiljan*** einen weiteren Stopp einlegen sollte.

Heimat von Nikola Tesla

In diesem Dorf, das damals noch zur Habsburgermonarchie gehörte, erblickte 1856 Nikola Tesla das Licht der Welt. Der Physiker und Elektroingenieur gilt vor allem als Entwickler des Zweiphasenwechselstroms, konnte im Laufe seines Lebens insgesamt aber gleich 280 Patente in 26 Ländern anmelden. Wirtschaftlich geholfen hat es dem genialen Erfinder, aber leider nicht allzu findigen Vermarkter, allerdings nicht, denn er starb mit 86 Jahren verarmt in seiner Wahlheimat USA. Anlässlich seines 150. Todestages wurde 2006 das Nikola-Tesla-

Gedenkmuseum in Smiljan errichtet. Seither kann man sich darin ausgiebig mit seinen für die moderne Wissenschaft zum Teil wegweisenden Ideen auseinandersetzen.

Über den Prezid-Pass

Weiter führt die Tour durch die reizvolle Karstlandschaft. Die größeren Städte, die man hier passiert, heißen Gospić und ***Gračac***. Bei letzterem lenkt man sein Motorrad dann erstmals wieder gen Süden und auf den 766 Meter hohen ***Prezid-Pass*** hinauf, der einen in schöner Kurvenformation bis zum Örtchen ***Muškovci*** bringt. Auch diese Region wird wohl den meisten Reisenden erstaunlich bekannt vorkommen, zumindest wenn sie Filmfans und Ü40 sind: Man befindet sich hier im Herzen des Winnetou-Landes. Damit gemeint ist jenes Gebiet, in denen die legendären Verfilmungen in den sechziger Jahren hauptsächlich gedreht wurden.

Das Dorf Muškovci markiert außerdem eine leicht übersehbare Zufahrt hinab in den ***Zrmanja-Canyon***. Wem der Sinn nach Action und Spaß auch außerhalb des Motorradfahrens steht, ist hier richtig. Die ***Zrmanja*** ist ein Karstfluss der wenige Kilometer hinter der Stadt ***Obrovac*** in die Adria mündet und bei meist einheimischen Kanufahrern und Canyoning-Fans beliebt ist. Das Areal mit seinen verschiedenen Seen und Wasserfällen wirkt wie ein „Mini-Plitvica", also eine kleine Ausgabe der berühmten Was-

Statt des Tunnels sollte man die kurvenreiche Straße durch das Velebit-Gebirge nehmen.

Der Ticket-Schalter des Nikola Tesla Museums war mal eine Tankstelle.

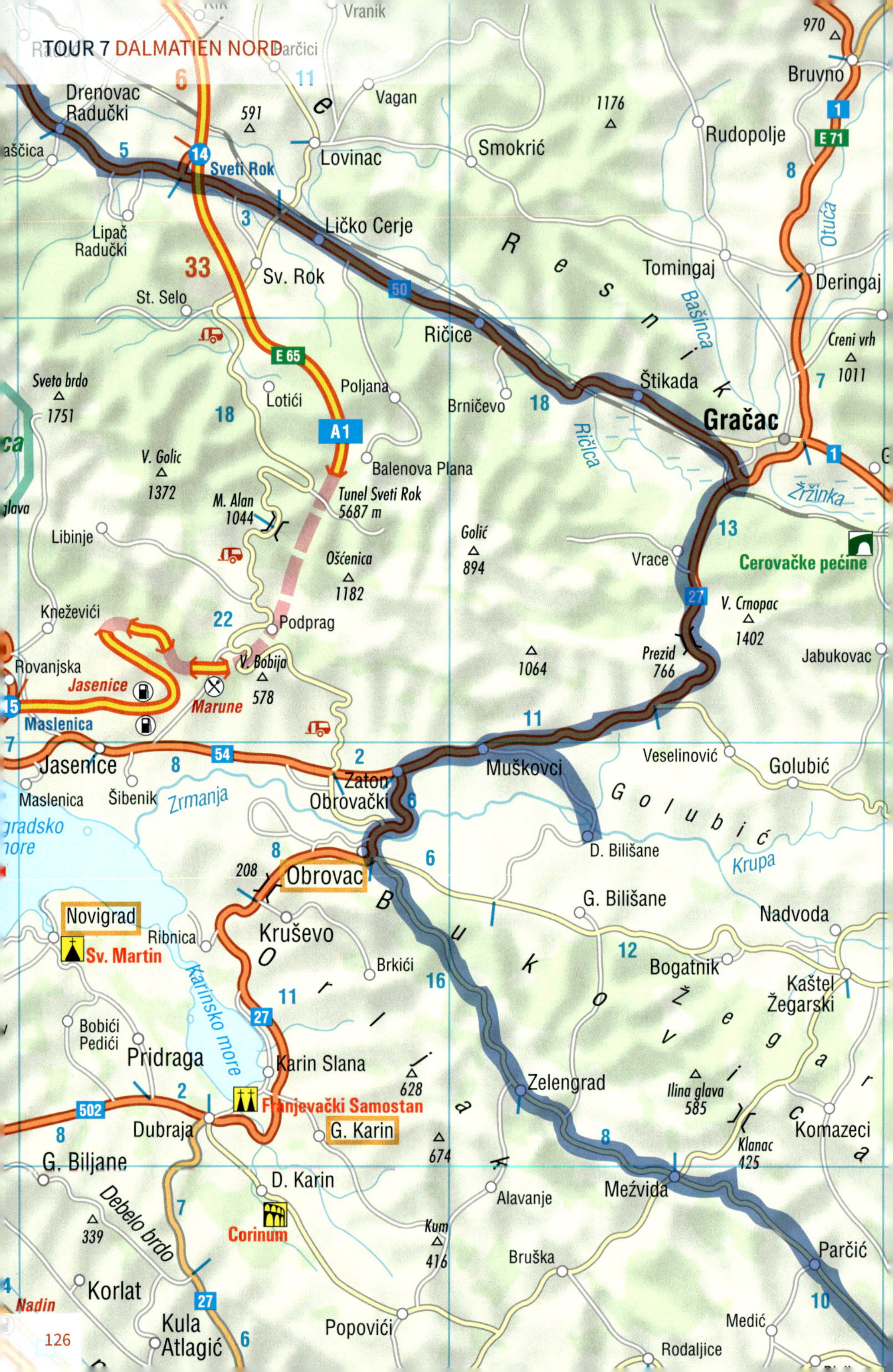

Vranik
Parčići
970
Bruvno
Drenovac
Radučki
591
Vagan
1176
Rudopolje
E 71
Sveti Rok
Lovinac
Smokrić
Lipač
Radučki
Ličko Cerje
Otuča
Resnik
Tomingaj
Deringaj
Sv. Rok
St. Selo
Ričice
Bašinca
Creni vrh
1011
E 65
Štikada
Sveto brdo
1751
Lotići
Poljana
Brničevo
Gračac
A1
Ričica
V. Golic
1372
Balenova Plana
Žržinka
M. Alan
1044
Tunel Sveti Rok
5687 m
Libinje
Golić
894
Vrace
Cerovačke pećine
Ošćenica
1182
V. Crnopac
1402
Kneževići
Podprag
Prezid
766
1064
Jabukovac
Rovanjska
V. Bobija
578
Jasenice
Marune
Maslenica
Veselinović
Golubić
Jasenice
Zaton
Muškovci
Maslenica
Šibenik
Zrmanja
Obrovački
Golubić
D. Bilišane
Krupa
208
Obrovac
G. Bilišane
Novigrad
Ribnica
Kruševo
Bukovica
Nadvoda
Sv. Martin
Brkići
Bogatnik
Kaštel
Žegarski
Karinsko more
Orlijak
Bobići
Pedići
Žegar
Pridraga
Karin Slana
628
Zelengrad
Ilina glava
585
Franjevački Samostan
Dubraja
G. Karin
Klanac
425
Komazeci
674
G. Biljane
D. Karin
Alavanje
Meźvida
Debelo brdo
339
Corinum
Kum
416
Parčić
Bruška
Korlat
Nadin
Medić
Kula
Atlagić
Popovići
Rodaljice

serfälle. Vor allem das smaragdgrün schimmernde, aber kalte Süßwasser ist beeindruckend. Rund um die Wasserfälle, in deren Pools man sich abkühlen kann, hat sich eine gute Infrastruktur mit Gastronomie und Camping entwickelt. Ein kleiner Zwischenstopp oder sogar eine Zwischenübernachtung sollte daher eingeplant werden.

Auf gleichen Wege zunächst zurück nach Muškovci geht es dann weiter nach Obrovac. Diese Stadt liegt inmitten der Schlucht des Flusses Zrmanja, der hier zudem eine sehenswerte Schleife in den Fels getrieben hat. Oberhalb des Canyons trotzt die Ruine einer mittelalterlichen Festung dem endgültigen Verfall. Die Straße hat sich der Topographie angepasst und windet sich in den Ort hinab.

Das nächste Highlight ist bei *Laškovica* schon wenige Kilometer

STÄDTE-TIPP: SPLIT

Spektakuläres Freilichtmuseum

Die zweitgrößte Stadt des Landes, ist wie viele Großstädte für Motorradreisen nur bedingt geeignet. Die Straßen sind meist überfüllt und Parkplätze gibt es viel zu wenige. Daher ist eine Übernachtung am besten in einem Haus mit eigenen Parkplatz anzuraten. Eine gute Auswahl findet man zum Beispiel im nur wenige Kilometer entfernten Örtchen Podstrana.

DIOKLETIAN-PALAST: Die Altstadt von Split ist ungewöhnlicher Weise innerhalb der Mauern dieses ehemaligen Palastes zu finden. Der Namensgeber Diokletian war ein römischer Kaiser, der zu seinen Lebzeiten auch über diesen Teil der Adria herrschte. Er ließ das Gebäude zwischen 295 und 305 nach Christus als privaten Ruhesitz bauen. In die Geschichte ging er als einziger römischer Kaiser ein, der jemals freiwillig abdankte – und als vehementer Christenverfolger. Es ist daher überaus erstaunlich, dass die größtenteils römisch-katholischen Kroaten den Palast niemals haben umbenennen lassen.
Schon die ursprünglichen Maße mit 215 mal 180 Metern waren durchaus stattlich. Zwischen dem 12. und 14. Jahrhundert wurden viele römische Gebäude durch mittelalterliche Häuser ersetzt,

die Säulengänge zu einer Straße gemacht, das Mausoleum des Kaisers wurde zur christlichen Kirche des heiligen Domnius (kroatisch: Sveti Duje) und der Jupiter-Tempel zur Taufkapelle des heiligen Johannes.
Der Komplex ist heute rund 30 000 Quadratmeter groß und wurde 1979 zum UNESCO-Weltkulturerbe erklärt. In seinem Inneren befinden sich heute sowohl Kirchen, als auch Marktplätze, Gaststätten und Hotels.

HAFENANLAGEN: Sie gehören zu den größten der Adria. Tagsüber sieht man hier opulente Yachten, die zum Träumen einladen. Wessen Geldbeutel nicht ganz so gut gefüllt ist, kann zumindest eine der regelmäßig verkehrenden Jadrolinija Auto- und Motorradfähren buchen. Beispielsweise für einen Ausflug auf die Inseln Brač und Hvar.

www.visitsplit.com

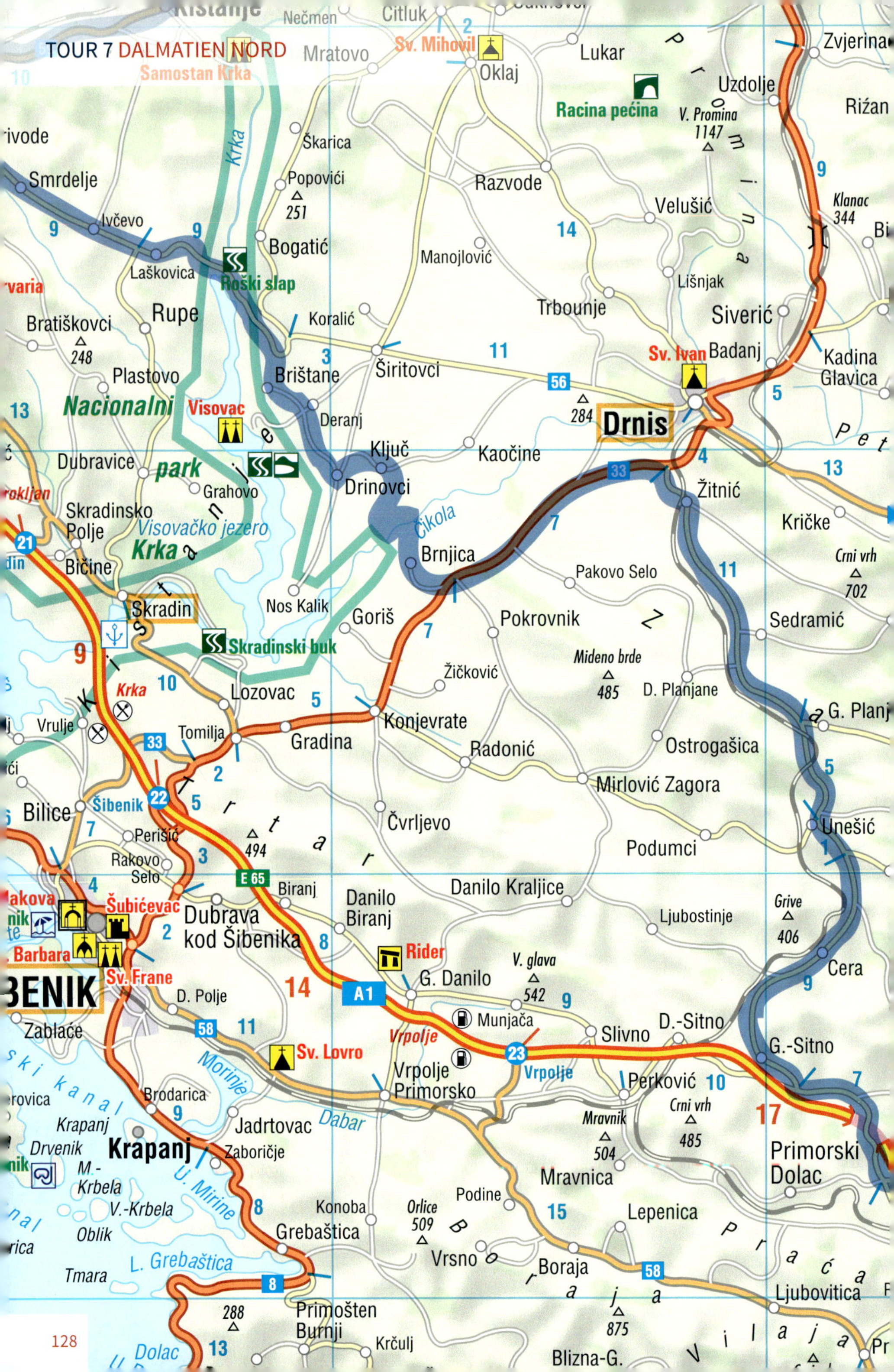

Samostan Krka
Nečmen
Čitluk
Mratovo
Sv. Mihovil
Oklaj
Lukar
Zvjerinac
Uzdolje
Racina pećina
V. Promina 1147
Riđan
Promina
Smrdelje
Škarica
Popovići 251
Razvode
Klanac 344
Krka
Ivčevo
Laškovica
Bogatić
Roški slap
Manojlović
Velušić
Lišnjak
Rupe
Koralić
Trbounje
Siverić
Bratiškovci 248
Širitovci
Sv. Ivan
Badanj
Kadina Glavica
Plastovo
Brištane
56
284
Drnis
Nacionalni park Krka
Visovac
Deranj
Ključ
Kaočine
Dubravice
Drinovci
Žitnić
Grahovo
Skradinsko Polje
Visovačko jezero
Čikola
Kričke
Bičine
Brnjica
Pakovo Selo
Crni vrh 702
Skradin
Nos Kalik
Goriš
Pokrovnik
Sedramić
Skradinski buk
Mideno brde 485
Krka
Žičković
D. Planjane
Lozovac
Konjevrate
G. Planjane
Vrulje
Tomilja
Gradina
Radonić
Ostrogašica
Mirlović Zagora
Bilice
Šibenik
Perišić
494
Čvrljevo
Unešić
Rakovo Selo
Podumci
E 65
Biranj
Danilo Biranj
Danilo Kraljice
Subićevac
Dubrava kod Šibenika
Ljubostinje
Grive 406
Barbara
Rider
Sv. Frane
V. glava 542
Cera
ŠIBENIK
D. Polje
A1
G. Danilo
14
Munjača
Zablaće
58
D.-Sitno
Slivno
Vrpolje
G.-Sitno
Sv. Lovro
Morinje
Vrpolje Primorsko
Perković
Brodarica
Mravnik 504
Crni vrh 485
Krapanj
Jadrtovac
Dabar
17
Zaboričje
Primorski Dolac
Krapanj
Drvenik
M.-Krbela
V.-Krbela
U. Mirine
Mravnica
Konoba
Podine
Orlice 509
Lepenica
Oblik
Grebaštica
Vrsno
Boraja
L. Grebaštica
Tmara
58
Ljubovitica
Bora
Prać
288
Primošten Burnji
Krčulj
875
Dolac
Blizna-G.
Vilaja

Die Krupa, ein Nebenfluss der Zrmanja, bietet ein beachtliches Naturschauspiel.

später erreicht, denn hier befindet sich einer der Eingänge zum ***Krka-Nationalpark***. Namensgeber ist der 72 Kilometern lange Fluss ***Krka***, dessen Ausläufer sich in dem gut 100 Quadratkilometer großen Gebiet im Laufe von Jahrmillionen Jahren äußerst imposant ausgetobt haben. Zumindest einigen der insgesamt sieben Wasserfälle sollte man unbedingt einen Besuch abstatten, nicht nur, weil sie nach Meinung des Autorenteams vielleicht sogar noch etwas imposanter und dramatischer daher kommen, als die berühmten Pendants von Plitvice.

Spannende Landschaften

Das Schöne an diesem Nationalpark ist, dass man tatsächlich auch mit dem Motorrad hindurchfahren kann und so ganz unterschiedliche Eindrücke von der spannenden Landschaft gewinnt. So passiert man mitunter schöne Seen, alte Festungsruinen, noch im Betrieb befindliche Mühlen und sogar noch teils bewohnte Klöster. Auf dieser beschriebenen Tour kann man kurz vor der Überquerung der Brücke, die einen über die Krka bringt, einen tollen Blick auf den ***Wasserfall Roški Slap*** erhaschen. Hier ergießt sich die Krka zwischen steilen Felswänden über spitze Steine und grobe Felsen 22 Meter in die Tiefe.

An der östlichen Uferseite führt die Tour dann weiter durch Zentral-

Die Krka-Brücke in der Nähe von Skradin.

Von der Burg Klis genießt man ein besonderes Panorama auf die Stadt Split.

dalmatien, ein Gebiet, das sich optisch vor allem rau, aber gewaltig gibt.

Wer sich näher mit dem Sitten und Gebräuchen der Einwohner dieses kroatischen Landstriches beschäftigen möchte, kann sich kurz vor *Pakovo Selo* im Etnoland Dalmati näher umsehen. So kann man hier etwa alte dalmatinische Steinhäuser besichtigen und traditionelles Werkzeug ausprobieren. Allerdings ist hier auch etwas Vorsicht geboten. Die Begrüßung erfolgt stets mit einer für Kroaten heiligen Begrüßungszeremonie – sprich: Man wird mit einem zünftigen Schnaps begrüßt. Nicht immer zeigen sich die Angestellten dieser touristische Attraktion einsichtig, was die schwierige Kombination von Alkohol und Motorradfahren betrifft.

Die Fahrer müssen allerdings keineswegs ob des Alkoholverzichtes darben, schließlich dürfen sie sich bis *Kaštel Stari* noch auf einige schöne Kilometer, einige davon in wilder Kurvenarchitektur, freuen. Von dort aus ist es lediglich noch ein Katzensprung nach *Split*, wo diese Tour schließlich endet. Am Abend ist dann ein Schnaps wahrlich mehr als verdient. ◄

INFOS ZUR TOUR

CHARAKTERISTIK

Diese Tour bietet an vielen Stellen Kurvenspaß. Wer darin geübt ist, wird gut zurecht kommen. Nur für den Extra-Tipp hoch auf den Mali Alan ist einiges an Offroad-Erfahrung unbedingt erforderlich. Aufgrund der vielen Eindrücke unterwegs, sollte man die Strecke mindestens auf zwei Fahrtage verteilen.

PÄSSE DER TOUR

Der 766 Meter hohe **PREZID-PASS** markiert die südlichste Überquerung des Velebit. Er verbindet die Ortschaften Gracac und Obrovac miteinander und war bis zur Untertunnelung des Gebirges (unter dem Scheitelpunkt des Passes) die wichtigste Verbindung.

ÜBERNACHTUNG

Hotel Bitoraj

Sveti križ 1, HR-51322 Fužine

Uriges Hotel im Familienbetrieb, das einen eigenen Parkplatz, tolle Küche mit örtlichen Spezialitäten wie Wildschwein oder Bär und schöne Zimmer bietet.

www.bitoraj.hr

GPS 45.30456, 14.71325

Camping Village Zrmanja

Kruševo, Župani - Drage bb, HR-23450 Obrovac

Das Camp befindet sich oberhalb des Zrmanja-Canyons und bietet gut ausgestattete Mobilehomes, ein eigenes Restaurant und einen Pool.

www.terra-tedania.hr

GPS 44.18511, 15.69276

Hotel San Antonio

Grljevačka 30, HR-21312 Podstrana

Das moderne hotel bietet schicke Zimmer und hervorragendes Essen.

www.hotel-sanantonio.com

GPS 43.48882, 16.54277

KOMBINATIONSMÖGLICHKEITEN

Von Split aus kann man weiter gen Süden (Tour 9) oder auch auf die Inseln Brač und Hvar (Tour 8) übersetzen. Dabei sind die Fähren einzuplanen.

R1200R

Insel-
Giganten

Nicht einmal vier Kilometer trennen Brač und Hvar, die dennoch nicht mit einer Fähre verbunden sind. Wer beide Inseln auf einer Tour erkunden möchte, muss daher entweder zweimal von Split aus starten oder aber einen Teil der Makarska Riviera mitnehmen. Lohn der Mühe sind fahrerische Highlights auf durchaus imposanten Bergstraßen, die Erkundung der ältesten Stadt Kroatiens und ein Lavendelmeer.

Vidova Gora auf der Insel Brač ist ein empfehlenswerter Aussichtspunkt.

SPLIT
KAŠTELA
Solin
Stobreč
Trogir
Čiovo
Dugopolje
Klis
Žrnovnica
Mravince
Srinjine
Podstrana
Jesenice
Dugi Rat
Omiš
Zakučac
Čisla
Gata
Kučiće
Zvečanje
Smolonje
Čelina
Lokva
Svinišće
Ruskamen
Pisak
Brela
Baška Voda
Šestanovac
Zadvarje
Katuni
Cista Velika
Cista Provo
Budimir
Ugljane
Biorine
Dobranje
Trnbusi
Gornja poljica
Mosor
Bračkí kanal
Brač
Supetar
Sutivan
Mirca
Splitska
Postira
Pučišća
Sv. Juraj
Sv. Vice
Dol
Škrip
Ložišće
Bobovišća
Bobovišća na moru
Dračevica
D. Humac
Nerežišća
Milna
Čisti dol
Pražnice
Podgažul
G. Humac
Sv. Mihovil
Sv. Kuzma
Selca
Sumartin
Povlja
N. Selo
Sv. Nikola
Franjevački samostan
Zagvozd
Osridke
Vidova gora 780
Zmajeva pećina
Blaca
Obršje
Planica
Murvica
Zlatni rat
Bol
Dominikanski samostan
Šolta
Grohote
Stomorska
Nečujam
Rogač
G. Selo
Gospa u borima
Hvarski kanal
Hvar
Stari Grad
Vrboska
Jelsa
Vrbanj
Svirče
Vrisnik
Pitve
Zavala
Humac
Zastražišće
Grapčeva špilja
Pudhova špilja
Brusje
Velo Grablje
Malo Grablje
Milna
Zaraće
Dubovica
Sv. Nedjelja
Jagodna
Ivan Dolac
Fort Spanjol
Tvrdalj Petra Hektorovića
Katedrala Sv. Stjepan
Jerolim
Marinkovac
Sv. Klement
Pakleni kanal
Pakleni Otoci
Viški kanal
Šćedrovski kanal
Šćedro
Korčulanski kanal
Vela Luka
Vela spilja
Blatsko polje
Blato
Potirna
Karbuni
Prižba
Brna
Zelena špilja
Lastovski

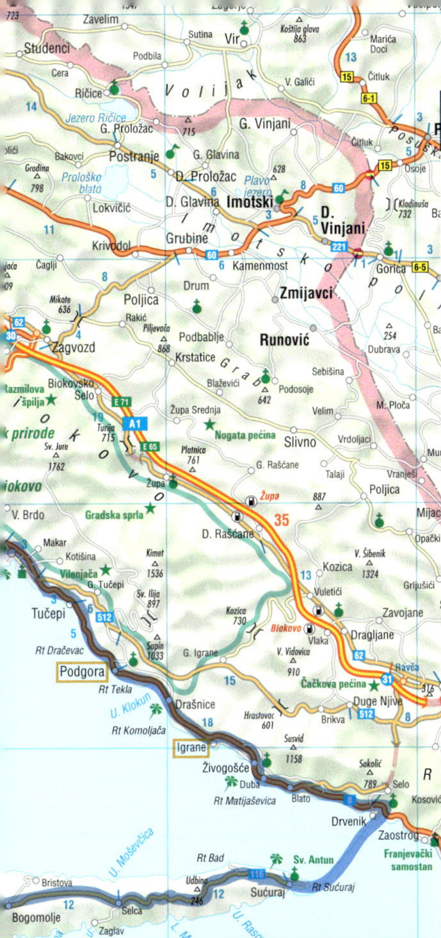

TOUREN-STECKBRIEF

BASISORT

Split (43.50441, 16.44015)

STRECKENLÄNGE

ca.313 km

DAUER DER TOUR

9-11 Stunden, Empfehlung für diese Tour: 1-2 Tage

ROADBOOK

Split, Supetar, Pučišća, Vidova Gora, Pražnica, Gornji Humac, Bol, Zlatni Rat, Makarska, Tučepi, Podgora, Živogošće, Drvenik, Sućuraj, Stari Grad, Tvrđava Napoleon, Hvar, Milna, Zaraće, Stari Grad, Split

HIGHLIGMMHTS

Auf Brač muss sich die kurvenreiche Straße auf den Berg Vidova Gora (43.28205, 16.62155) vor so manchem Alpenpass kaum verstecken. Und auf Hvar will der Aussichtspunkt Tvrđava Napoleon (43.17761, 16.4486) hart erarbeitet werden.

Die weißen Steine von Brač.

Split ist aus vielen Gründen einen Besuch wert. Unter anderem befindet sich dort eine der größten Hafenanlagen der Adria. Tagsüber kann man opulente Yachten beobachten, die zum Träumen einladen. Wer in See stechen möchte, aber nicht über die passende Füllung im Geldbeutel verfügt, kann zumindest ein Ticket für die regelmäßig verkehrenden Jadrolinija-Fähren buchen. Beispielsweise für einen Motorradausflug auf die Inseln *Brač* und *Hvar*.

Keine direkte Verbindung

Ein solcher sollte im Vorfeld klug vorbereitet werden. Ein Landverbindung per Brücke auf die Eilande existiert nicht, daher muss man zwangsläufig auf die Fähre. Leider sind die Inseln nicht direkt über den Seeweg miteinander verbunden. Daher sollte man sich gut überlegen, wie viel man von den Inseln tatsächlich auf zwei Rädern entdecken möchte. Theoretisch möglich ist es zwar, beide an einem einzigen Tag zu erkunden, sinnvoll ist dies allerdings nicht. Wir empfehlen daher, mindestens eine Zwischenübernachtung einzuplanen.

Idealerweise startet man die Tour möglichst früh am Morgen. Gut eine Stunde benötigt die Fähre, um Mensch und Motorrad von Split aus nach Brač und damit auf die größte Insel Dalmatiens zu befördern. Für Motorradfahrer wird sie auch deshalb zum Genuss, da auf einer Fläche von fast 400 Quadratkilometern nur etwa 14 000 Einwohner leben. Da die meisten Urlauber sich an den diversen Badestränden tummeln, hat man die Straßen im Inselinneren häufig fast für sich alleine.

Angelegt wird am Fährhafen von *Supetar*, der mit gut 3 500 Einwohnern größte Gemeinde der Insel. Ein

Kurven gibt es auf der Insel Brač in Hülle und Fülle.

erster, kleiner Bummel durch die Altstadt lohnt sich hier. Im Anschluss geht es dann wieder motorisiert in Richtung Osten. Schon nach wenigen Kilometern erreicht man einen riesigen Steinbruch. Die Tatsache an sich wäre woanders auf der Welt wahrscheinlich nicht weiter erwähnenswert, doch auf Brač hat sie durchaus Bedeutung. Die Verarbeitung und vor allem der Export der Erzeugnisse aus ihm stellt – neben dem Tourismus – einen der wichtigsten Wirtschaftszweige dar.

Gewonnen wird hier Veselje: Damit gemeint ist weißer Kalkstein, der optisch Marmor ähnelt. Schon von den Römern wurde er für den Bau diverser Paläste und Theater genutzt. Stolz sind die Kroaten darauf, dass er auch für den Namen des Weißen Haus in Washington verantwortlich ist, denn er wurde für seinen Bau verwendet. >

Wer sich näher mit dieser Materie beschäftigen möchte, sollte der Steinmetzschule in ***Pučišća*** einen Besuch abstatten. Es gibt keine festen Öffnungszeiten, die Tore der Werkstatt werden aber gerne auf Anfrage für Besucher geöffnet. Sie ist die einzige ihrer Art im ganzen Land, ausgebildet werden aber längst nicht nur kroatische Schüler. Der aufstrebende Nachwuchs arbeitet sowohl mit modernen als auch mit fast 2 000 Jahre alten Werkzeugen. Untergebracht ist die Klekarska Škola in einem imposanten, palastartigen Gebäude am Ufer der langgezogenen Hafenbucht.

Altehrwürdige Schule

Hier werden die viereckigen, weißen Marmorblöcke mit Hammer und Meißel in Skulpturen, Vasen und verschiedenste Ornamente verwandelt. Die Schule gibt es schon seit dem Jahre 1909. 1952 folgte ein Studentenwohnheim und heutzutage werden jährlich fast 100 Schüler – meistens junge Männer – hier in Theorie und Praxis geschult.

In der Steinmetzschule kann man den Schülern über die Schulter schauen.

Bei einem Rundgang durch Pučišća kann man überdies auch allerhand archäologische Funde bewundern. Besonders sehenswert ist der Jupiter-Altar. Nach diesem kulturellen Ausflug, heißt es aber auch wieder: die Gashand betätigen. Der höchste Berg auf der Insel will erklommen werden.

Fast wie ein Alpenpass

Natürlich hält der 778 Meter hohe ***Vidova Gora*** keinem Alpenvergleich statt, dennoch lohnt die Fahrt hinauf – zumal die Strecke entlang der typischen, dalmatinischen Schwarzkiefern in der Hitze des Sommers nicht nur wohltuenden Schatten spendet, sondern sich auch durchaus abwechslungsreich präsentiert. An einigen Stellen erinnert der Weg auch tatsächlich an eine – zumindest kleine – Passstraße. Oben angekommen präsentiert sich ein Panorama sondergleichen: ein phantastischer Blick auf die blaue Adria und die Nachbarinsel Hvar, die im Verlaufe dieser Tour auch noch erfahren wird.

Über ***Pražnica*** geht es zunächst aber erst einmal zurück ins Hinterland der Insel. Dort schwenkt man gen Süden und erreicht bald darauf das Städtchen ***Gornji Humac***, wo einen gut ausgebaute Straßen dann in ihrem weiteren Verlauf bald an Weinbergen entlang führen. Vor allem hier, im Süden der Insel, werden die Trauben auf

Die Landzunge Zlatni Rat ist der beliebteste Sandstrand Kroatiens.

kleinen Terrassen angebaut – und die Landschaft scheint dadurch beinahe in ein Schachbrettmuster verwandelt.

Sichelförmiges Horn

Nächster Halt ist *Bol*, das touristische Zentrum der Insel. Die Landzunge *Zlatni Rat* (Goldenes Horn) gilt als einer der schönsten Strände Kroatiens – und ist einer der wenigen in Kroatien, an dem man sich auf Sand statt auf Kiesel betten kann. Optisch erinnert die sichelförmige Form an ein Horn. Das Badeparadies ragt einige hundert Meter ins Meer hinaus und besteht an seinen Enden aus winzig kleinen, runden Kieselsteinen, die sich mit der Wasserströmung über längere Zeit bewegen. Dabei verändert sich im übrigen sogar die Form: Die Spitze zeigt je nach Wasserstand mal in die eine, mal in die andere Richtung. >

Um zum Zlatni Rat zu gelangen, muss man das Motorrad aber auf dem öffentlichen Parkplatz abstellen und sich zu Fuß auf die letzten Meter begeben. Auf dem Erkundungsrundgang stößt man erfreulicherweise mal wieder auf viel Kultur.

Moderne Bildhauerkunst

Direkt an der Uferpromenade vor dem Horn ist in einem winzigen Barock-Palast die Galerie Branko Dešković untergebracht. Namensgeber ist der 1883 auf der Insel geborene Künstler, der mit seinen Werken zu den bekanntesten Bildhauern Dalmatiens zählt. Das erst nach seinem Tod im Jahre 1963 eröffnete Kunsthaus birgt mit mehr als 400 Gemälden und Skulpturen eine schöne Retrospektive zur Modernen Kunst Kroatiens.

Die letzte Amtshandlung auf Brač führt in den südlichen Teil der Insel, bevor es per Fähre auf das Festland, genauer zum Fährhafen von ***Makarska*** geht. Dies ist die beste Möglichkeit, um auch Hvar in diese Runde miteinzubeziehen, denn wie bereits am

Anfang erwähnt, existiert keine Fährlinie, die diese beiden dalmatischen Inseln miteinander verbinden würde. Das ist merkwürdig, wenn man bedenkt, dass sie lediglich 3,4 Kilometer Wasser voneinander trennen.

Riviera als Alternative

Die einzige mögliche Alternative wäre daher die Rückfahrt nach Split, um dort abermals eine Jadrolinija-Schiff nach Hvar zu besteigen. Doch die Taktung der Fähren ist zeitlich alles andere als perfekt aneinander angeglichen: Drei Stunden Wartezeit können ermüden. Wer sich dennoch für diese Variante entscheidet, sollte die Zeit fürs Sightseeing in Split nutzen, auf Hvar übernachten und den nächsten Tag für das Fahrerlebnis auf Hvar nutzen.

Anders sieht die Situation aus, wenn man die *Makarska Riviera* als Teilstück wie oben beschrieben einplant. Von Brač nach Makarksa braucht die Fähre lediglich eine Stunde und der nächste Fährhafen in ***Drvenik*** ist auf der bestens aufgebauten Küstenstraße auch zügig erreichbar. In ***Sućuraj***, ganz im Osten der Insel gelegen, beginnt dann nach einer halbstündige Fahrt über die Adria die Erkundungsfahrt auf der Lavendelinsel. Wer kann, sollte als Zeitraum für seine Tour Ende Juni bis Anfang Juli vorsehen, denn dann

Im Norden von Brač hat man das Festland oft im Blick.

Kunst gibt es auch am Hafen von Bol.

ist Blütezeit und die Landschaft von Hvar erstrahlt als lila-violettes Lavendelmeer. Diese Pflanze ist der Exportschlager dieser Insel, sogar noch vor Wein und Oliven. An vielen Stellen, gerne an Buden direkt an der Straße, kann man sich folgerichtig mit Lavendelsäckchen, Lavendelölen oder weiteren Erzeugnissen eindecken. Wer gerne Neues kostet, sollte sich unbedingt an das Lavendeleis herantrauen.

Doch auch abseits der eigentlichen Lavendelsaison lohnt sich die Erkundung auf der gut ausgebauten Hauptroute 116. Sie führt – ziemlich mittig – einmal quer über die langgezogene Insel. Mit 67,5 Kilometern ist Hvar die längste Insel Kroatiens – die breiteste Stelle beträgt lediglich gute zehn Kilometer. Bereits die ersten gut 30 Kilometer entpuppen sich als fahrerisches Highlight, denn sie ziehen sich in weiten Serpentinen durch die Landschaft. Seit dem Sommer 2013 kann man es durchaus zügig angehen, denn die Straße wurde in den Frühlingsmonaten aufwendig saniert. Nunmehr präsentiert sich ein Belag in Spitzenqualität.

Kroatiens älteste Stadt

Dann steht mit einem Abstecher nach *Stari Grad* abermals Kultur auf dem Programm. Empfehlenswert ist ein kurzer Spaziergang durch die altehrwürdigen Gassen, denn der Name der Stadt (Stari Grad bedeutet auf Deutsch alte Stadt), ist nicht zufällig gewählt: Es handelt es sich bei ihr um die älteste Stadt des ganzen Landes. Folgerichtig

Steinmauern überziehen dieses Gebirge auf Hvar (unten). Die gleichnamige Hauptstadt lohnt ebenfalls (rechts).

HV-891

Die alte Straße nach Hvar Stadt bietet oft Aussichten auf die gegenüber liegende Insel Brač.

gehört auch sie zum UNESCO-Weltkulturerbe.

Im Jahr 384 vor Christus von den Griechen als Pharos gegründet, musste sie im Laufe der Jahrhunderte einiges über sich ergehen lassen. Erst im Mittelalter wurde Stari Grad wieder aufgebaut und 1147 zum Bischofssitz erhoben. Wirtschaftlich am Besten ging es den Einwohnern im 19. Jahrhundert. Zu dieser Zeit war ihr Hafen eines der wichtigsten Seefahrtszentren an der Adria.

Die meisten Sehenswürdigkeiten sind rund um den Hauptplatz angeordnet, beispielsweise die Kirche Sveti Štefan. Sehr schön ist auch das kleine Schlösschen der Familie Hektorović. Ihr berühmtester Sproß, Petar, ließ es erbauen. Er gilt als einer der bedeu-

Motorradfahrer erfreuen sich auf Hvar am Kurvengenuss.

tendsten Schriftsteller des Landes, da er im 16. Jahrhundert erstmals Gedichte in kroatischer Sprache verfasste.

Im Anschluss sollte man sich in westlicher Richtung halten. Nicht nur, weil man auf diesem Weg zur gleichnamigen Inselhauptstadt Hvar gelangt, sondern vor allem, weil die Strecke dorthin sich mehr als spektakulär in weiten Serpentinen hinauf und hinunter windet. Es ist ein besonders schöner Ritt – mitten durch die Berge. Immer im Blick ist natürlich das Meer, aber auch die Nachbarinsel Brač.

Die Berge sind mit knapp über 170 Meter zwar nicht dramatisch hoch. Doch man kommt von Null und das Kurvengeschlängel über die alte Straße zum Hauptort der Insel, ebenfalls Hvar genannt, kann begeistern. Was dem einen oder anderen schon beim Fernblick von Brač aus auffallen durfte, bestätigt sich an dieser Stelle besonders eindrucksvoll: Hvar, obwohl in unmittelbarer Nachbarschaft gelegen, hat einen gänzlich anderen – und sehr eigenen – Charakter. Endlose Steinmauern überziehen nahezu jeden Flecken des Gebirgsrückens, über den in weiten Teilen auch die Hauptverkehrsader der Insel führt. Kurz vor Hvar sollte man unbedingt nach dem leider recht unscheinbaren Abzweig „Tvrđava Napoleon“ Ausschau halten.

Steil den Berg hinauf

Auf einem Pfad, der nicht viel breiter als ein schmaler Feldweg ist, geht es recht steil hinauf. Ein wenig Offroad-Übung ist an dieser Stelle durchaus von Vorteil. Lohn der Mühe ist ein

Die Abendsonne legt sich über Stari Grad, Kroatiens älteste Stadt.

mehr als traumhafter Panoramablick auf die Stadt. Wer es eilig hat, kann von hier aus direkt den Heimweg antreten, die anderen fahren hinein in die Inselhauptstadt, suchen sich dort einen Parkplatz und machen sich auf die Suche nach Sehenswürdigkeiten und Prominenten.

Promi-Hotspot Hvar

Die Stadt Hvar hat sich als einer der kroatischen Hotspots für die internationale Prominenz entwickelt. George Clooney, Beyonce Knowles, aber auch Giorgio Armani oder Prinz Harry verbringen im Sommer hier regelmäßig gerne einen Teil ihres Urlaubs. Natürlich bleiben sie in dieser Zeit lieber unter sich, so dass sie nur selten ihre Yachten verlassen, um durch die Gassen zu schlendern. Dies ist aber nicht weiter schlimm, denn schließlich hat die Stadt auch Normalos viel zu bieten. Wie so oft, finden sich auch hier venezianische, aber auch österreichische Einflüsse. Fans von Superlativen kommen ebenfalls auf ihre Kosten: Hvar beheimatet das älteste öffentliche Theater Europas. Rund um das Hafenbecken gruppieren sich zudem einige der schönsten (aber leider auch teuersten) Hotels, die Kroatien zu bieten hat.

Mit einem Schwenk über *Milna* und *Zaraće* geht es dann durch den südöstlichen Teil von Hvar, bevor man wieder Kurs auf Stari Grad nimmt. Denn nur wenige Kilometer von der bereits besichtigten Stadt entfernt befindet sich der gleichnamige Fährhafen. Nun trennt einen nur noch eine gut zweistündige Fährüberfahrt vom Ausgangspunkt Split. ◄

INFOS ZUR TOUR

CHARAKTERISTIK

Weite Teile dieser Tour bieten keine allzu großen Herausforderungen. Aber auf jeder Insel hat es ein Zwischenstopp jeweils in sich: Auf Brač ist es die Fahrt zum Aussichtspunkt Vidova Gora und auf Hvar die zum Tvrđava Napoleon. Die Straße dorthin hinauf gleicht einem Feldweg, auf dem Offroad-Erfahrung sinnvoll ist. Theoretisch ist diese Tour an einem Tag machbar. Aufgrund der schlechten Fährtaktung empfiehlt sich aber mindestens eine Zwischenübernachtung.

ÜBERNACHTUNG

Waterman Resort Supetar

Put Vela luke 4, HR-21400 Supetar / Brač

Schöne Anlage in der Nähe des Fährhafens. In zwölf Gebäuden befinden sich direkt am Strand stilvoll eingerichtete Zimmer. Eigenes Restaurant.

www.watermanresorts.com

GPS 43.38629, 16.54400

Pharos Hvar

Ulica Dinka Kovačevića 10, HR-1450 Hvar

Modernes Hotel in der Inselhauptstadt Hvar. Es bietet schöne Zimmer, ein modernes Restaurant und einen Poolbereich.

www.suncanihvar.com

GPS 43.17196, 16.43638

Bella Vista

Gornja Vala bb, HR-21333, HR-Drvenik

In der Bucht von Drvenik gelegen, bietet das Hotel 40 hübsch eingerichtete Zimmer, einen kleinen Wellnessbereich und tolle Küche im hauseigenen Restaurant. Der Fährhafen ist nicht weit.

www.hotelbellavista.hr

GPS 43.15230, 17.26015

KOMBINATIONSMÖGLICHKEITEN

Wem diese Tour nicht ausreicht, hat von Hvar die Möglichkeit, auf die Insel Korčula überzusetzen und kann dort die beschriebene Tour 9 anschließen lassen. Alternativ kann man von der Makarska Riviera einen Abstecher in das Nachbarland Bosnien und Herzegowina anschließen lassen. Dort lohnt sich beispielsweise die Stadt Mostar.

Brač
HEPCO &
BECKER
FACHINGERS
MOTOBOX

Auf den **Gipfel hinauf**

Der Süden Dalmatiens bereitet durch seine Vielfältigkeit gehörig viel Fahrspaß – und das gilt nicht nur für die Küstenstraße. So kann man hier den Sveti Jure, Kroatiens höchsten anfahrbaen Punkt erklimmen, sich den zumindest angeblichen Geburtsort von Marco Polo näher ansehen oder auch die längste Mauer Europas bestaunen. Zwischendurch gibt es Kurvenorgien en masse.

Die Küste Dalmatiens ist spektakulär.

Split
Solin
Klis
Omiš
Makarska
Brač
Supetar
Bol
Hvar
Stari Grad
Jelsa
Korčula
Vela Luka
Blato
Lastovo
Orebić
Podgora
Biokovo

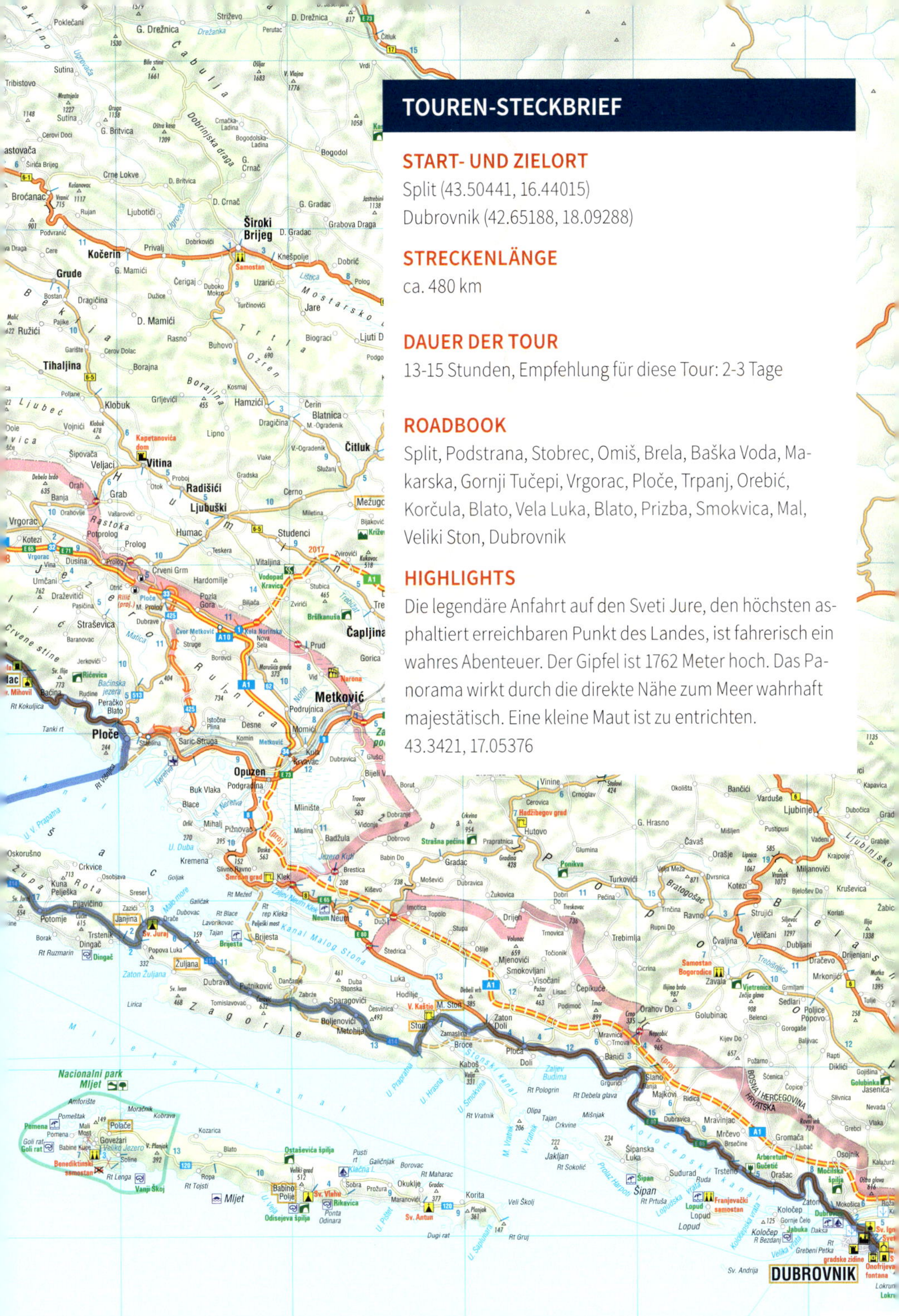

TOUREN-STECKBRIEF

START- UND ZIELORT

Split (43.50441, 16.44015)
Dubrovnik (42.65188, 18.09288)

STRECKENLÄNGE

ca. 480 km

DAUER DER TOUR

13-15 Stunden, Empfehlung für diese Tour: 2-3 Tage

ROADBOOK

Split, Podstrana, Stobrec, Omiš, Brela, Baška Voda, Makarska, Gornji Tučepi, Vrgorac, Ploče, Trpanj, Orebić, Korčula, Blato, Vela Luka, Blato, Prizba, Smokvica, Mal, Veliki Ston, Dubrovnik

HIGHLIGHTS

Die legendäre Anfahrt auf den Sveti Jure, den höchsten asphaltiert erreichbaren Punkt des Landes, ist fahrerisch ein wahres Abenteuer. Der Gipfel ist 1762 Meter hoch. Das Panorama wirkt durch die direkte Nähe zum Meer wahrhaft majestätisch. Eine kleine Maut ist zu entrichten.
43.3421, 17.05376

Split, die kulturelle Metropole Zentraldalmatiens, ist der Ausgangspunkt dieser Reise in den südöstlichsten Zipfel Kroatiens. Die Stadt alleine wäre schon einen mehrtägigen Aufenthalt wert. Besonders eindrucksvoll präsentiert sich die ehemalige Palastanlage des römischen Kaisers Diokletian, der sie ab 298 nach Christus errichten ließ. Seit 1979 gehört sie zum UNESCO-Weltkulturerbe.

Nach dem Kulturgenuss wollen im weiteren Verlauf dieser Tour dann aber viele landschaftliche Leckerbissen gekostet werden. Über ***Podstrana*** geht es zunächst für einige, wenige Kilometer auf der Küstenstraße ***Jadranska Magistrala*** gen Süden. Schon in ***Stobrec*** zweigt man dann für einen denkwürdigen ersten Abstecher ins Hinterland ab. Obwohl nur wenige Kilometer das Gebiet vom Meer trennen, befindet man sich nunmehr mitten im Nirgendwo, das aber zumindest einen offiziellen Namen trägt: ***Dalmatinska Zagora*** (dalmatinisches Hinterland). Man cruist hier rund um das Gebirge von ***Mosor***, das einen tatsächlich an das ähnliche klingende Mordor, also Tolkiens Reich in Mittelerde aus der „Herr der Ringe"-Verfilmung, erinnert.

Einen Schicksalsberg gibt es zwar nicht, dafür ist die Gegend ähnlich verlassen. Geprägt wird die Landschaft vom kargen Karst, dem einen oder anderem Busch und vereinzelten Dörfchen mit nie mehr als einer Handvoll Häusern.

Kraft des Wassers

Mit Einfahrt in den 100 Kilometer langen ***Cetina-Canyon*** verändert sich die Landschaft dann dramatisch: Man blickt auf unberührte Natur und staunt

über die Kraft des Wassers. Der kristallklare Fluss hat im Laufe von Jahrmillionen Jahren wundersame Formen mit Wasserfällen, Seen und bis zu 180 Meter hohen Felsen erschaffen.

Dramatik pur

Am Unterlauf des Flusses geht es über *Omiš* zurück an die Adria und besonders hier zieht die Cetina noch einmal alle Register: wild und dramatisch schlängelt sie sich in Form von Stromschnellen in die Tiefe. Erst kurz vor der Vereinigung mit dem Meerwasser kommt dieser Fluss schließlich zur Ruhe.

Genau hier befindet sich das Gebiet der ehemaligen, halbautonomen Republik *Poljica*, an die sich selbst die Einheimischen kaum noch erinnern dürften. Sie existierte etwa vom 16. bis ins 19. Jahrhundert, wurde vom örtlichen Adel geführt und stand zunächst unter der Herrschaft der Republik Venedig sowie später unter der von Österreich-Ungarn. Über Jahrhunderte galt Omiš zudem als Heimat der brutalsten Piraten in der gesamten Adria (mehr dazu siehe Tour 2).

Nach diesem Abstecher befindet man sich nunmehr wieder auf der Jadranska Magistrala. Die folgenden

Ein Teil des Cetina-Canyons kurz vor Omiš.

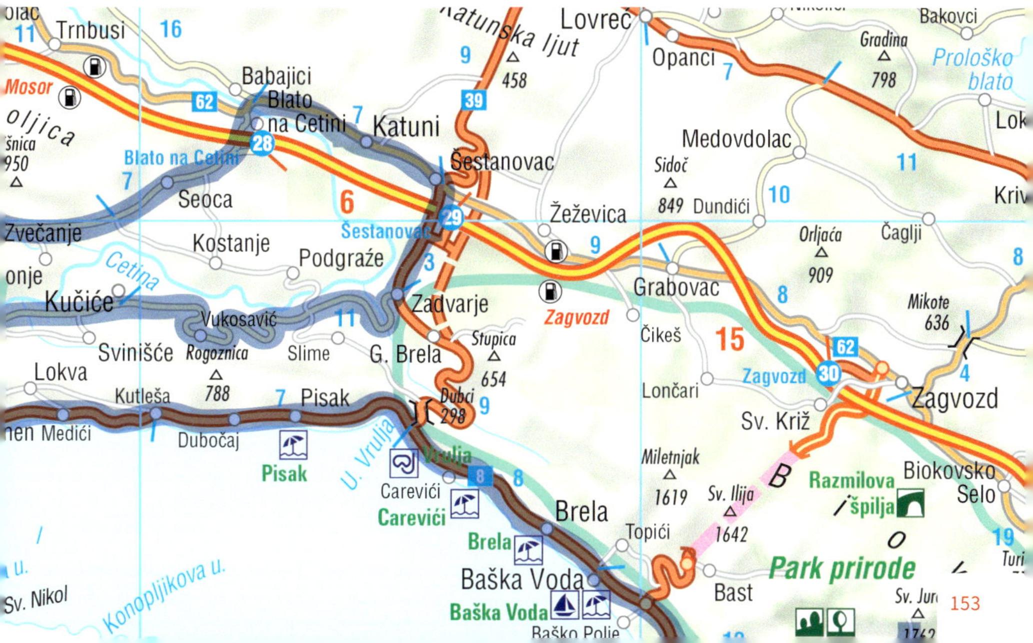

Kilometer bis Pisak sind eher unspektakulär. Doch bei *Brela* erreicht man – optisch zunächst übergangslos, dafür mit einem meterhohen Schild gekennzeichnet – die *Makarska Riviera*.

Meisterhafter Straßenbau

Die nun folgenden gut 60 Kilometer bestechen durch die Künste der Straßenbauer, die sich hier bedingt durch die geographischen Gegebenheiten ganz besonders ins Zeug gelegt haben. Angelegt ist die hier recht schmale Straße auf einer Steilküste. Dadurch hat man während der Fahrt fast durchgängig eine hervorragende Vogelperspektive auf die teils hundert Meter tiefer liegenden Küstenorte wie *Baška Voda*, *Bratuš* oder auch das namensgebende *Makarska* selbst. Hier geht es viel grüner zu, als im nördlichen Teil der kroatischen Küste. Viel Wald und mit Pinien gesäumte Strände prägen optisch das Bild.

Das ist aber nur die eine Seite der Straße – die andere ist nicht weniger spektakulär, schmiegt sie sich schließlich an das mächtige *Biokovo-*

Die Zufahrt zum Sveti Jure ist mautpflichtig, aber jeden Cent wert.

Gebirgsmassiv mit seinen 16 Gipfeln über 1400 Meter an.

Das grau-weiße Kalkgebirge ist küstenseitig kaum bewachsen und ragt steil in luftige Höhe hinauf. Die 1762 Meter des *Sveti Jure*, dem höchsten Gipfel, sind im Vergleich zu alpinen Erhebungen natürlich lächerlich, dennoch präsentiert sich das Panorama durch die direkte Nähe zum Meer wahrhaft majestätisch. Seine Flanke schützt den Bereich der Riviera im Normalfall vor allzu heftigen Wetterkapriolen aus dem Norden.

Erlebnis Sveti Jure

Die Wanderung hinauf würde gute fünf Stunden dauern. Gnädigerweise kommt man aber auch mit dem Motorrad bis auf den Gipfel. Es handelt sich bei ihm sogar um den höchsten anfahrbaren Punkt des Landes. Dementsprechend sollten Fahrer Bergerfahrung mitbringen und schwindelfrei sein. Kurz nach *Tučepi* zweigt die Straße zum Vergnügen der besonderen Art ab.

Im ersten Drittel windet sich das enge Asphaltband am Fels entlang den Berg hinauf. Bei *Gornji Tučepi* beginnt am Mauthäuschen, an dem einige, wenige Euro zu bezahlen sind, die Zufahrt in den Naturpark von Biokovo. Dieser erstreckt sich über eine Fläche von 196 Quadratkilometern und sein Inneres weist alle typischen Karstphänomene wie Höhlen, Eisgruben und Grotten auf. Aber

Von Orebić blickt man auf die Halbinsel Pelješac.

eben auch der Sveti Jure ist hier zu erklimmen.

Dies gilt hier im wahrsten Sinne des Wortes, denn die Straße hinauf wird nach oben hin so eng, dass sie stellenweise nur einspurig zu befahren ist – obwohl auch Autos und selbst Kleinbusse diverser Reiseveranstalter sich ebenfalls auf ihr tummeln. Ausweichstellen gibt es so gut wie gar keine und von den offenbar vor ewigen Zeiten einmal errichteten Leitplanken sind lediglich noch verrostete Überbleibsel vorhanden. Abenteuer ist auf diesem Abstecher also garantiert.

Wenngleich man auf der gleichen Straße zurückfährt, wird es durch die unterschiedlichen landschaftlichen Eindrücke nicht langweilig. Die nächsten Kilometer zurück zur Magistrala führen über *Vrgorac* direkt hinter dem mächtigen *Biokovo-Gebirge* entlang und erst bei *Ploče* trifft man wieder auf die Küste.

Halbinsel Pelješac

Nun könnte man natürlich ganz einfach auf der Küstenstraße bleiben, um sich weiter in Richtung Süden zu begeben. Eine reizvolle Alternativ-Strecke ist aber die folgende: Per Fähre setzt man nach *Trpanj* und damit auf die Halbinsel *Pelješac* über. Ohne längere Stopps fährt man einmal quer – und fast mittig – durch die Insel und nimmt dann direkt Kurs auf den nächsten Fährhafen, der sich bei *Orebić* befindet. Jadrolinja bringt hier Mensch und Motorrad in wenigen Minuten über den zwei Kilometer

breiten Meeresarm *Pelješki kanal* nach *Korčula*.

Orebić befindet sich an der Südseite der sechstgrößten Insel der Adria und ist durch den 961 Meter hohen *Sveti Ilja* geschützt. Ein Franziskanerkloster liegt oberhalb des Ortes. Ein Besuch ist unbedingt zu empfehlen, da sich hier ein wirklich beeindruckendes Panorama bietet.

Über Jahrhunderte gaben venezianische Fürsten hier den Ton an. Unübersehbar ist im Städtchen Korčula, dass man stolz auf den berühmtesten Venezianer aller Zeiten ist: Egal wohin man schaut, überall erblickt man das

Korčula soll die Heimat von Marco Polo gewesen sein.

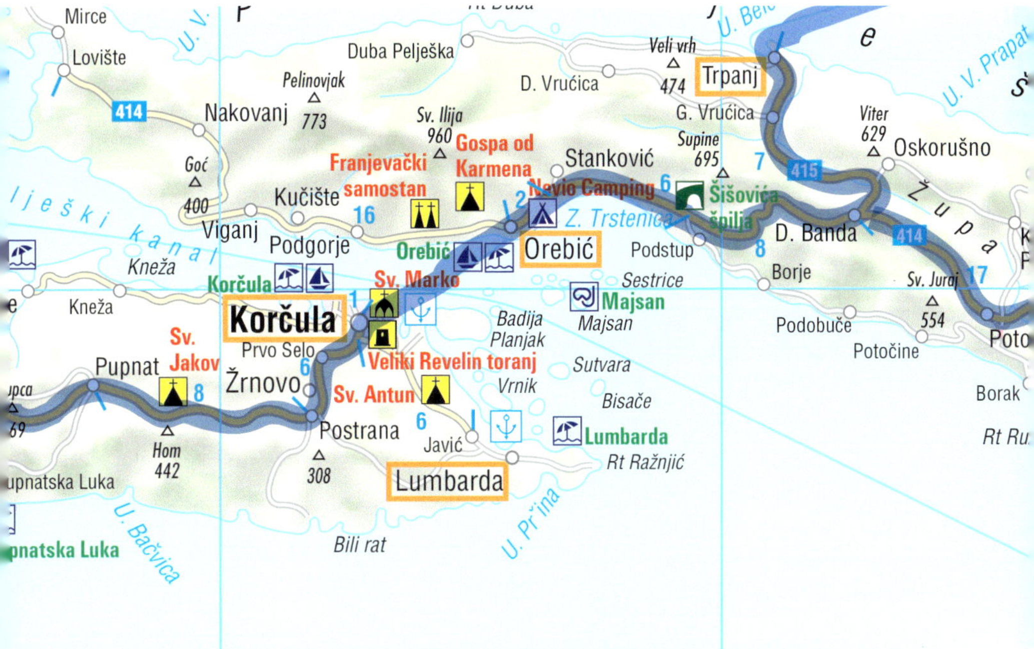

Im Geburtshaus von Marco Polo ist ein Museum untergebracht.

Konterfei des Reisenden Marco Polo, der – davon sind die Einwohner überzeugt – im Jahre 1254 auf dieser Insel das Licht der Welt erblickte.

Das angebliche Geburtshaus kann besichtigt werden; historisch belegt ist die Geschichte allerdings nicht, denn auch Venedig erhebt den Anspruch, Heimat des Reisenden gewesen zu sein. Diese These wird durch Marco Polos eigene Aufzeichnungen erhärtet, da er in seiner Reisebeschreibung „Il Milione" Venedig als Geburtsort angibt. Nichtsdestotrotz lohnt sich ein Besuch des Hauses, in dem das Marco-Polo-Museum untergebracht ist.

Dort erfährt man auch noch eine andere Anekdote: So soll Krke, die legendäre Zauberin aus der griechische Mythologie, Odysseus einst vor Korčula verführt haben – aber auch dazu fehlen handfeste Beweise.

Schutz vor Feinden

Historisch dagegen erwiesen ist allerdings, dass sich Korčula über Jahrhunderte tapfer einer Besatzung durch die Türken widersetze. Davon zeugt unter anderem das geometrische Muster

Schöne Kurven führen nach Blato.

der Straßen, denn Organisation und schnelle Fluchtmöglichkeiten waren damals überlebenswichtig. Auch die mächtigen Wehrtürme an der Stadtmauer verhindern ein Vergessen dieser kriegerischen Zeiten.

Im Inselinneren wechselt die Landschaft von anfänglicher Lieblichkeit in tief eingeschnittenens Canyon. An ihren Rändern winden sich steile Pfade zu den zerklüfteten Küstenabschnitten hinab. Je weiter es gen Westen geht, desto unzugänglicher werden sie.

Alsdann findet man sich in einer von Oliven geprägten Landschaft wieder. Der Ort ***Blato***, etwa vier Kilo-

STÄDTE-TIPP: DUBROVNIK

Perle der Adria

Auf seine Geschichte – geprägt von der jahrhundertlangen Unabhängigkeit als Republik Ragusa – kann Dubrovnik stolz sein. Die Wirren der Jahrhunderte und selbst die Zerstörungen während des Bürgerkrieges konnten der Stadt im Süden Dalmatiens nichts anhaben. Dafür droht jetzt der touristische Kollaps.

Der Felsen, auf dem bis heute die befestigte Altstadt thront, diente schon im dritten Jahrhundert vor Christus als Siedlungsort. Und er gab der spä-

teren Städterepublik seinen Namen: Ragusa. Die Mauern, die noch heute, oder besser wieder, die Altstadt umgeben, bieten Besuchern der Stadt eine Art Logenplatz. Sie sind – gegen eine geringe Gebühr – durchgängig begehbar. Man spaziert oben auf dem Mauerkranz entlang. Von vielen Stellen an dem fast zwei Kilometer langen Bauwerk eröffnen sich tiefe Einblicke in die zwischen den roten Dächern verborgenen, nur allzu engen Gassen, die komplett unter UNESCO-Weltkulturerbe stehen, allerdings auch Auto- und somit auch Motorradfrei sind. Geparkt werden muss daher außerhalb der Stadtmauern.

STRADUN: Hauptstraße in der Altstadt. Ehemalige Paläste und steinerne Barockhäuser sorgen auf beiden Straßenseiten für eine einheitliche Optik. Sie ist außerdem kürzeste Verbindung zwischen dem westlichen Stadttor Pile und dem östlichen Tor Ploče, den zwei Haupteingangstoren, durch die man in die von der Stadtmauer eingeschlossene Altstadt eintritt.

KATHEDRALE: Die barocke Basilika wurden zwischen 1672 bis 1713 gebaut. Sie hatte einen romanischen Vorgängerbau, der der Legende nach von Richard Löwenherz finanziert wurde. Dieser soll nach Rückkehr von einem seiner Kreuzzuge hier Schiffbruch erlitten haben und sich nur mit knapper Not retten können.

GAME OF THRONES: Zahlreiche Szenen der Fantasy-Fernsehserie wurden in und rund um Dubrovnik gedreht. Fans können beim Tourismusverband spezielle Stadtführungen auch in deutscher Sprache buchen.

PARKEN: Dubrovnik selbst ist Auto- und somit Motorradfrei. Es stehen fußläufig einige öffentliche Parkplätze und gesicherte Parkhäuser zur Verfügung. Für größere Gruppen empfehlen wir das Parkhaus in der Ilijina glavica (Zagrebačka ulica bb). Ausgewiesene Motorradparkplätze gibt es auch an der Tourist-Info am Stadttor Pile. Die sind aber häufig überfüllt und nicht bewacht.

REISEZEIT: Dubrovnik ganz ohne Touristen wird man wohl nicht mehr erleben. Zu beliebt ist diese Stadt ganz im Süden Kroatiens mittlerweile. Hinzu kommen diverse Kreuzfahrtschiffe, die hier ganzjährig Halt machen und die Stadt mit Tagesbesuchern überschwemmen. Ein klein wenig ruhiger geht es von Oktober bis März zu. Klimatisch ist dies auch mit dem Motorrad kein Problem, dafür sind kleine Hotels und Pensionen häufig im „Winterschlaf“. Wer in der Hochsaison da ist, sollte möglichst frühmorgens in der Altstadt sein.

www.tzdubrovnik.hr

meter von der Küste entfernt, gilt als Zentrum der Olivenölproduktion auf Korčula. Wer noch Platz im Koffer hat, sollte sich hier mit entsprechenden Produkten eindecken.

Der nächste Stopp heißt *Vela Luka*, Damit ist der Hauptort des vom Festland abgewandten Inselteils gemeint. Hier bieten sich hunderte Buchten zum Schnorcheln, Schwimmen, Sonnenbaden und Relaxen an. Viele davon sind aber nur per Wassertaxi erreichbar. In den Gewässern liegen zahllose Schiffswracks in ihrem nassen Grab. Entsprechend ist das Gebiet ein Paradies für Taucher.

Europas längste Mauer

Auf der gleichen Straße zurück, geht es bis Blato. Dort schwenkt man in den südlichen Teil der Insel und fährt über die Orte *Prizba* und *Smokvica* zurück zum Fähranleger, um abermals auf Pelješac zu landen. Die Halbinsel lohnt eine nähere Erkundung. Vor allem den zwei Ortsteilen *Mali* und *Veliki Ston* (kleines und großes Ston) sollte man seine Aufwartung machen. Sie sind mit einer 5,5 Kilometer langen Mauer verbunden, die einen sofort an das chinesische Pendant erinnert.

Laut den Tourismusverantwortlichen vor Ort handelt es sich dabei um die zweitlängste Mauer der Welt. Recherchen konnten dies nicht verifizieren, aber zumindest gilt es als erwiesen, dass es sich um die längste Stadtmauer innerhalb Europas handelt. >

Die Mauer oberhalb von Ston diente dem Schutz der örtlichen Salinen.

Dubrovnik muss zu Fuß erkundet werden.

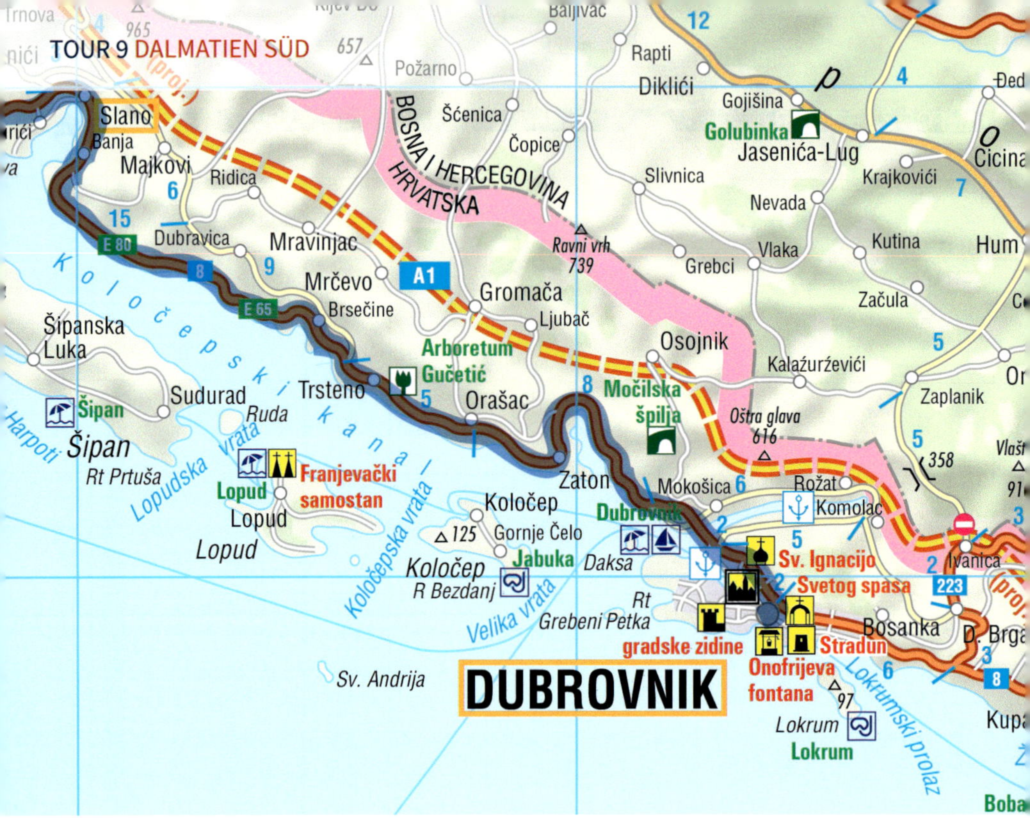

Seit einigen Jahren ist sie auch für Touristen (gegen Eintrittsgebühr) wieder zugänglich. Errichtet wurde sie im 14. Jahrhundert um das Territorium vor Feinden zu schützen. Grund dafür waren die Salinen, die bis heute Salz aus dem Meerwasser gewinnen und zu jener Zeit ein Garant für Reichtum waren.

Seltene Austern

Eine ganz besondere Köstlichkeit sollten Freunde edler Delikatessen sich hier nicht entgehen lassen: Austern. Diese sind für Kroatien tatsächlich keine Selbstverständlichkeit. Im ganzen Land existieren nur zwei Zuchtgebiete. Eine eben hier und die andere am Limski Kanal, der sich vom Städtchen Vrsar an der Westseite Istriens aus ins Landesinnere hineinzieht (siehe Tour 3).

Eine gute Idee ist es darüber hinaus, eines der vielen Weingüter auf Pelješac zu besuchen. Inmitten endloser Rebenfelder werden hier erstklassige rote und weiße Tropfen gekeltert. Die Kostprobe wird idealerweise in den Abendstunden genossen, alternativ wandert die eine oder andere Flasche mit aufs Motorrad.

In *Zaton Doli* trifft man dann wieder auf die Jadranska Magistrala und genießt einen ihrer schönsten Abschnitte bis zur *Franjo Tuđman Brücke*, die zum Endpunkt dieser Tour nach Dubrovnik führt. ◂

INFOS ZUR TOUR

CHARAKTERISTIK

Diese Tour sollte in mindestens zwei Fahrtage unterteilt werden, um genug Zeit für die tollen Ausblicke zu haben. Die Fahrt zum Sveti Jure ist eine Herausforderung, die Berggeübte aber gut meistern können. Auch auf der Insel Korčula kommen Kurvenfans auf ihre Kosten.

ÜBERNACHTUNG

Hotel Park

Petra Krešimira IV. 23 PP 36, HR-21300 Makarska
Ordentliche Zimmer, gutes Essen und vor allem eine Traumlage direkt am Strand und doch fußläufig zur Altstadt.
www.parkhotel.hr
GPS 43.29981, 17.01405

Pansion Hajduk 1963

Ulica 67 br.6, HR-20260 Korčula
Schönes, privat geführtes Haus mit großem Garten, Parkplatz, Pool und toller Küche.
www.hajduk1963.com
GPS 42.94710, 17.13803

Hotel Major

Uskoplje, HR-20210 Cavtat
15 Kilometer südlich von Dubrovnik bietet dieses Familienhotel geräumige Zimmer, ein gutes Restaurant sowie Garagenplätze.
www.major.cavtat.hotels-hr.com
GPS 42.57838, 18.24206

ESSEN UND TRINKEN

Vila Koruna

Mali Ston, HR-20230 Ston
In diesem Restaurant kann man nach Herzenslust Austern und andere edle Meeresfrüchte genießen. Der Inhaber organisiert auch die Besichtigung der Saline.
www.vila-koruna.hr
GPS 42.84674, 17.70483

KOMBINATIONSMÖGLICHKEITEN

Als Ergänzung zu dieser Tour bietet sich von Dubrovnik ein Abstecher ins südliche Nachbarland Montenegro an, das einige tolle Motorradstrecken zu bieten hat.

Abseits des **Trubels**

All jenen, die die atemberaubend schöne Adriaküste befahren haben, sei diese Tour als alternativer Rückweg zurück gen Heimat ans Herz gelegt. Sie beginnt am Meer und führt über die Krajina, einen touristisch vergessenen und damit auch sehr armen kroatischen Landstrich, über eine spannende serbische Enklave, eine spektakuläre Passstraße und die berühmtesten Wasserfälle Europas zurück nach Zagreb.

Kurvenreich geht es auf einer tollen Strecke über die Bergkette Lička Plješevica.

TOUREN-STECKBRIEF

START- UND ZIELORT

Split (43.50708, 16.44079)
Samobor (45.80174, 15.70946)

STRECKENLÄNGE

ca. 394 km

DAUER DER TOUR

7-9 Stunden, Empfehlung für diese Tour: 1-2 Tage

ROADBOOK

Split, Peruća-See, Knin, Srb, Donji Lapac, Vrelo Koreničko, Nationalpark Plitvicer Seen, Slunj, Karlovac, Draganić, Jastrebarsko, Samobor, Macelj

HIGHLIGHTS

Fahrerisch besonders eindrucksvoll ist die Strecke ab Vrelo Koreničko (44.76456, 15.69133). Dort führt eine ziemlich atemberaubende und recht unbekannte Straße mit vielen tollen Kurvenschwüngen über die Bergkette Lička Plješevica hin zu den berühmten Wasserfällen des Nationalparks Plitvicer Seen.

Wasserfälle von Plitvice.

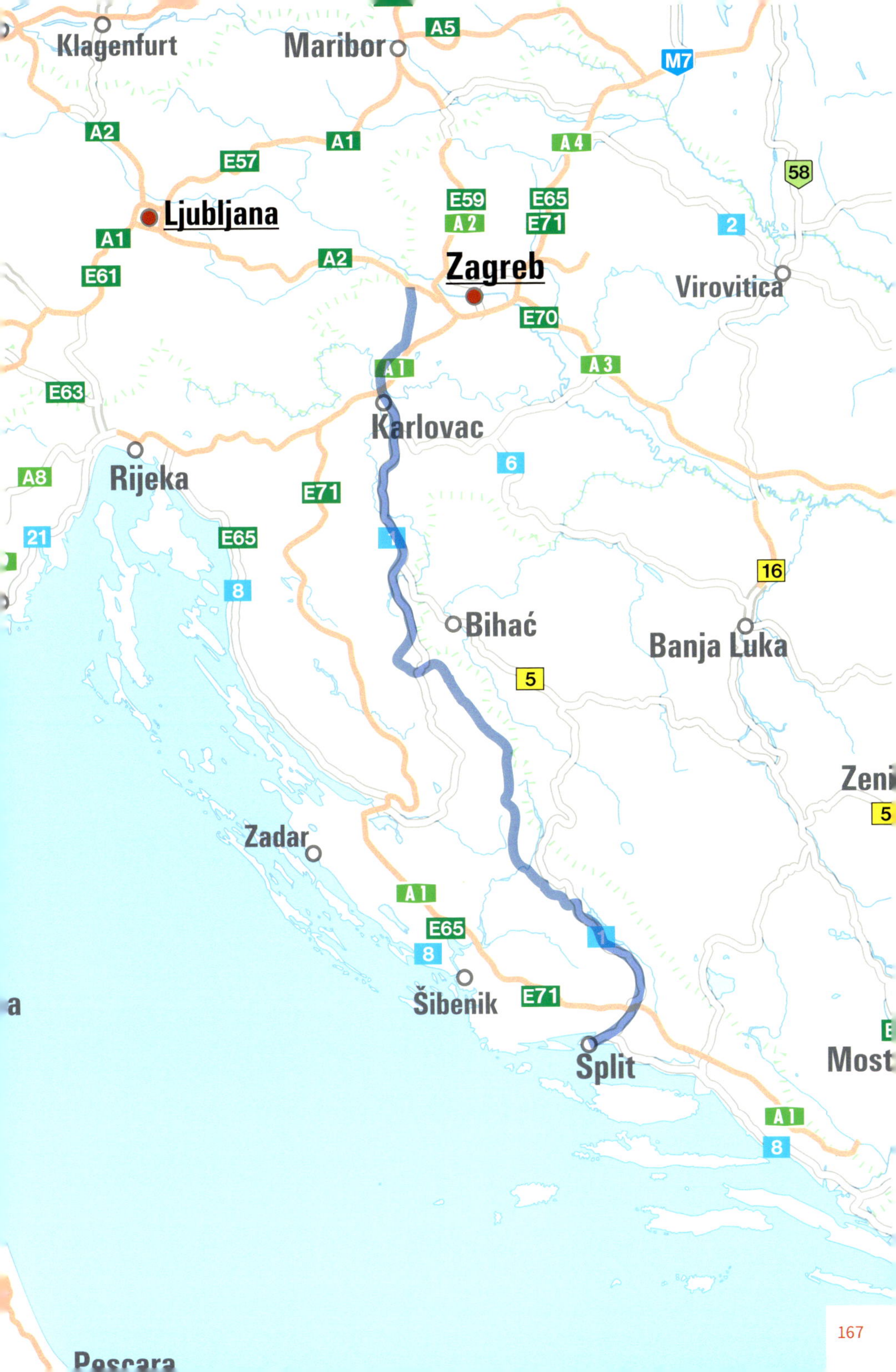
Klagenfurt
Maribor
A5
M7
A2
A1
E57
A4
58
E59
A2
E65
E71
Ljubljana
A1
E61
A2
2
Zagreb
Virovitica
E70
A1
A3
E63
Karlovac
6
A8
Rijeka
E71
21
E65
1
8
16
Bihać
Banja Luka
5
Zeni
5
Zadar
A1
E65
1
8
Šibenik
E71
Split
Most
A1
8
Pescara

Abschied nehmen vom mächtigen, tiefblauen Jadran, wie das Meer in der Landessprache genannt wird, heißt es in ***Split***. Von hier aus setzt man Kurs nach Norden, um sich quer durch das Hinterland bis kurz vor die slowenische Grenze vorzuarbeiten.

Die Landschaft zeigt sich schon nach den ersten Kilometern auf den in den Himmel ragenden Höhenzügen mehr als abwechslungsreich. Die kleine Straße gibt ihr Bestes, um Motorradfahrer mit ihren vielen Windungen, die sich immer weiter gen Norden schrauben, in den Bann zu ziehen.

Allerdings rüttelt sie einen auch ordentlich durch. Befahrbar ist sie durchaus, im besten Zustand allerdings nicht. Die Asphaltdecke ist an vielen Stellen mehr als nur ein wenig angeraut, ordentliche Löcher fordern die Konzentration des Fahrers über einige Kilometer.

Doch dieser Zustand ist tatsächlich noch nie großartig anders gewesen, denn die D1 stellte schon zu jugoslawischen Zeiten die wichtigste Nord-Süd-Verbindung dar. Von Split zieht sie sich über die ***Plitvicer Seen*** und ***Karlovac*** bis nach ***Zagreb*** und weiter zur kroatisch-slowenischen Grenze in ***Macelj***. Bis 2003 die Autobahn zwischen Zagreb und Split eröffnet wurde, musste jeder, der zur Küste fuhr – und auch zurück – diese schmale und durchaus mit anspruchsvollen Stellen gesegnete Strecke nehmen.

Idylle pur genießt man am Peruća-See.

Ständige Flickarbeit

Das waren nicht wenige: Neben den Gastarbeitern, die ihren Jahresurlaub am Meer verbrachten, zog es vor allem in den 1980er bis 1990er Jahren Un-

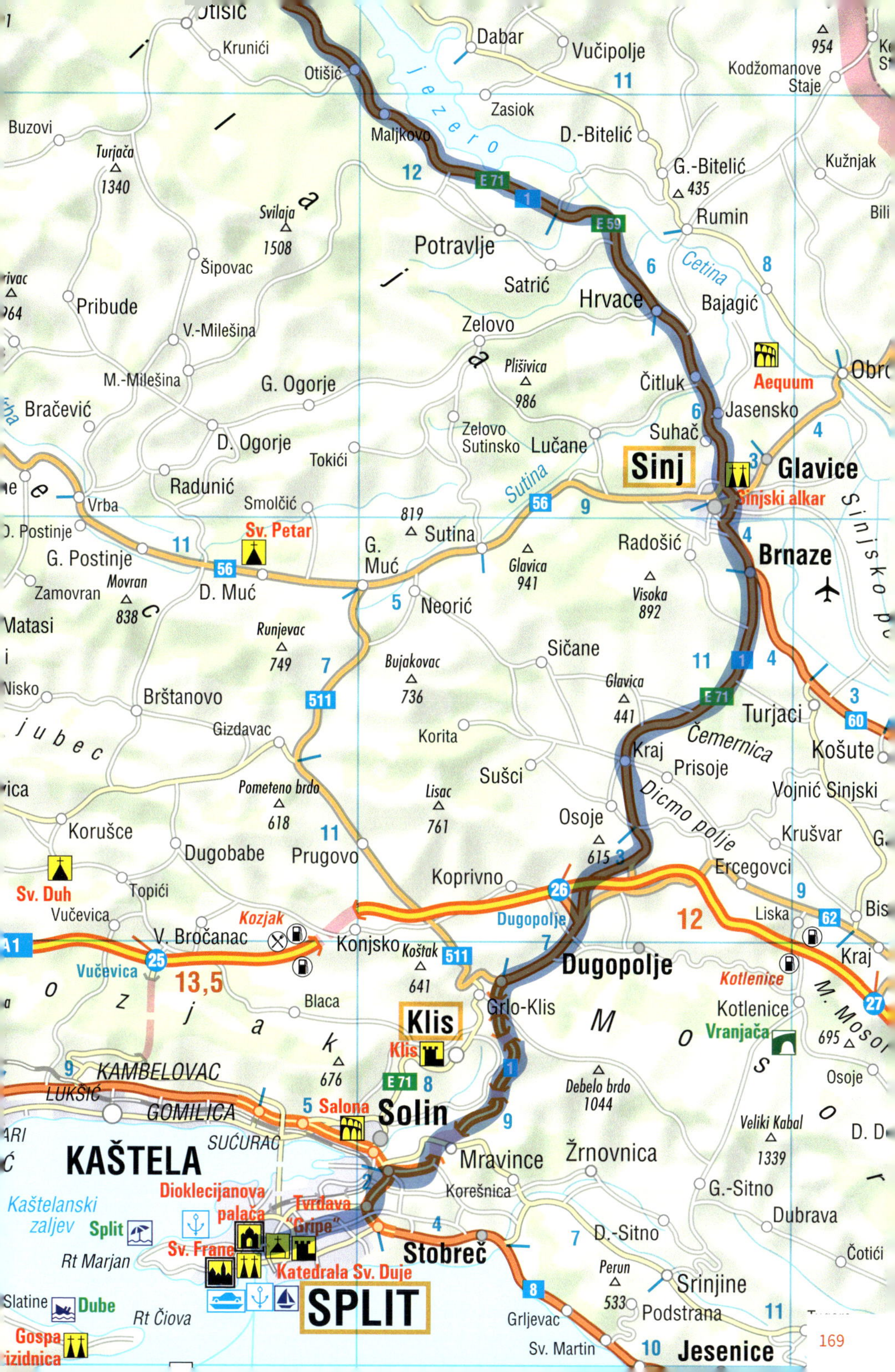

Otišić
Krunići
Dabar
Vučipolje
954
Kodžomanove Staje
jezero
Zasiok
Buzovi
Turjača
1340
Maljkovo
D.-Bitelić
G.-Bitelić
435
Kužnjak
E 71
1
E 59
Svilaja
1508
Potravlje
Rumin
Bili
Šipovac
Satrić
Hrvace
Cetina
Bajagić
Pribude
V.-Milešina
Zelovo
Plišivica
986
Aequum
M.-Milešina
G. Ogorje
Čitluk
Jasensko
Bračević
Zelovo Sutinsko
Lučane
Suhač
D. Ogorje
Tokići
Sinj
Glavice
Radunić
Sutina
Sinjski alkar
Vrba
Smolčić
56
819
Sutina
Radošić
G. Postinje
Sv. Petar
G. Muć
Glavica
941
Brnaze
Movran
838
D. Muć
Zamovran
Neorić
Visoka
892
Matasi
Runjevac
749
Bujakovac
736
Sičane
511
Glavica
441
Turjaci
Nisko
Brštanovo
Gizdavac
Korita
Čemernica
Košute
Kraj
Prisoje
Sušci
Vojnić Sinjski
Pometeno brdo
618
Lisac
761
Dicmo polje
Osoje
Krušvar
Korušce
615
Dugobabe
Prugovo
Ercegovci
Sv. Duh
Topići
Koprivno
26
Vučevica
Kozjak
Dugopolje
Liska
62
V. Bročanac
Konjsko
Koštak
641
Dugopolje
Kraj
A1
25
Vučevica
13,5
12
Kotlenice
Blaca
Grlo-Klis
Kotlenice
Klis
Vranjača
M. Mosor
695
27
KAMBELOVAC
676
Klis
Debelo brdo
1044
Osoje
LUKŠIĆ
E 71
GOMILICA
Salona
Solin
Veliki Kabal
1339
D. D
KAŠTELA
SUĆURAC
Mravince
Žrnovnica
Kaštelanski zaljev
Dioklecijanova palača
Tvrdava "Gripe"
Korešnica
G.-Sitno
Split
Dubrava
Rt Marjan
Sv. Frane
D.-Sitno
Stobreč
Čotići
Katedrala Sv. Duje
Perun
533
Srinjine
Slatine
Dube
Rt Čiova
SPLIT
Podstrana
Gospa
Grljevac
Sv. Martin
Jesenice

mengen von Touristen aus ganz Europa in diesen Teil der Welt. Und die wurden häufig in Bussen herunter gekarrt. Diese Last war für die Straße ähnlich wie die ganzen Lkw, für die auch keine Alternative bestand, Schwerstarbeit. Geflickt wurde zwar unentwegt, doch wurde man der Lage trotz vieler Baustellen niemals Herr.

Schnelle Alternative

Nunmehr ist die Autobahn das neue Vorzeigeobjekt des Landes und wird als perfekte, weil schnelle Alternative ganzjährig bestens in Schuss gehalten. Die kroatischen Verkehrsstrategen sehen schlicht keinen Sinn darin, öffentliche Gelder in diese nunmehr nur noch wenig befahrene Route zu stecken – wahrscheinlich sind keine Motorradfahrer unter ihnen.

Trotz alledem macht die Fahrt Spaß, zumal sie einen an dem idyllischen Stausee *Peručko Jezero* (Peruća-See) vorbei führt – und sich ab dort dann tatsächlich in einem besseren Zustand präsentiert. Auch die Landschaft wird lieblicher, dafür der Zustand der Häuser am Wegesrand immer schlechter. Dies ist wenig verwunderlich, schließlich cruist man nunmehr durch ein Gebiet, das abgesehen von Slawoni-

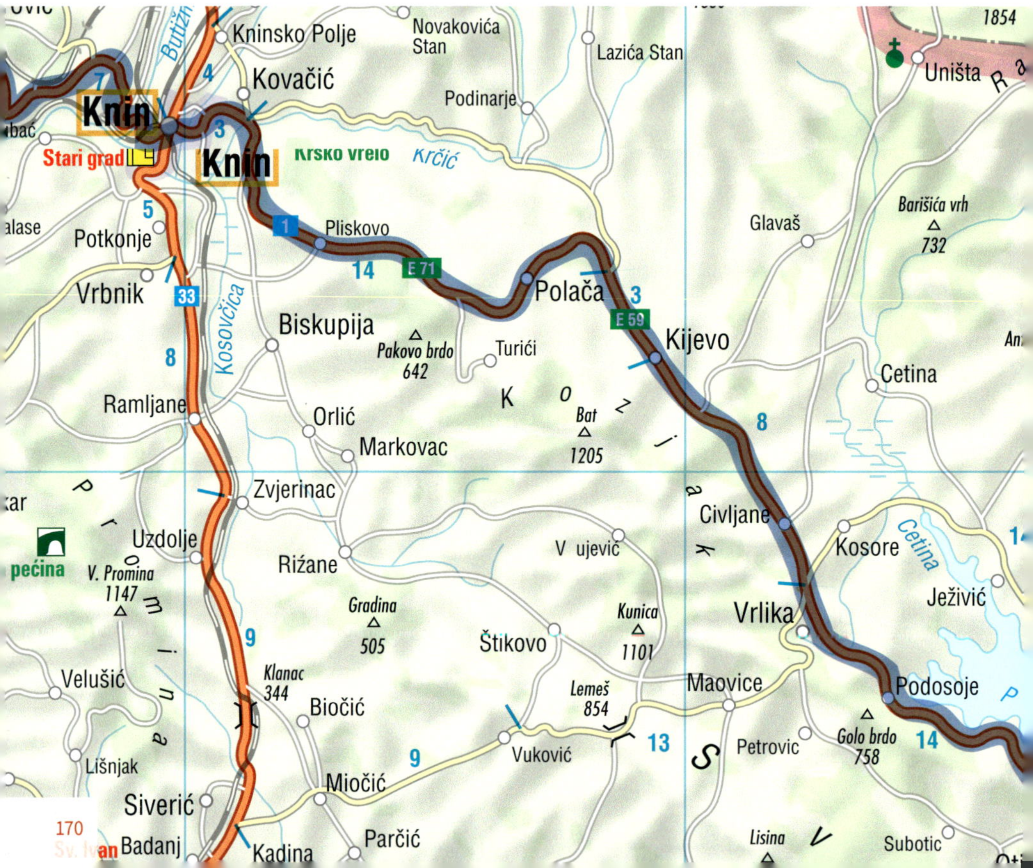

Die Krajina mit ihrer Burg von Knin spielte während des Jugoslawienkrieges eine Schlüsselrolle.

en, dem Zipfel ganz im Nordosten, als ärmster Kroatiens gilt.

Das Meer ist mit fast 60 Kilometern zwar recht weit entfernt, trotzdem war die ***Krajina*** bis in die jüngste Vergangenheit hinein ein begehrtes Ziel verschiedenster Herrschaften, die das Gebiet rund um ***Knin*** ihr Eigen nennen wollten. Um das Jahr 1080 war die Stadt noch stolzer Sitz des kroatischen Königs. Unter der Herrschaft Ungarns verlor sie zunehmend an Bedeutung. Im 16. Jahrhundert wurde sie von den Osmanen erobert, ein gutes halbes Jahrhundert später von den Venezianer eingenommen und spielte schließlich auch zum Ende des Jugoslawienkrieges eine Schlüsselrolle.

Von 1991 bis 1995 stand die zu dieser Zeit vorwiegend von Serben bewohnte Stadt unter deren Kontrolle und fungierte als Hauptstadt des als „Republik Serbische Krajina" ausgerufenen Territoriums. Der kroatische Bevölkerungsanteil war zuvor nahezu komplett vertrieben worden. Als Ende des Krieges in Kroatien gilt die Militäroperation Oluja, bei der die kroatische Armee das Gebiet zurückeroberte, laut diverser Anklagen vor dem Internationalen Strafgerichtshof in Den Haag allerdings auch schwere Verbrechen an der serbischen Zivilbevölkerung beging.

Normalität des Alltags

Mittlerweile sind beide Bevölkerungsgruppen zurückgekehrt und versuchen, die Normalität des Alltags wiederzufinden. Schwierig ist dies allerdings alljährlich rund um den fünften August. Dies ist heute der

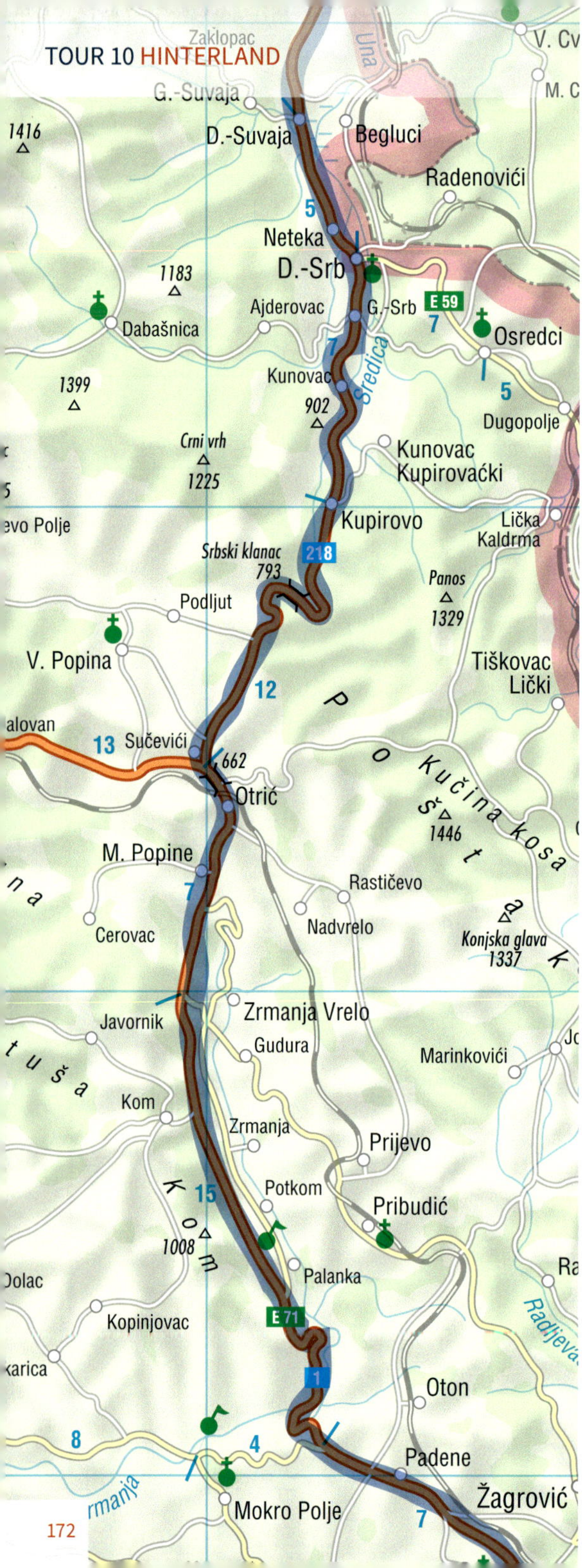

Nationalfeiertag Kroatiens, und die meisten Feierlichkeiten werden in der großen Festungsruine von Knin, die hoch auf dem Berg ***Sveti Spas*** thront, begangen. Leider gerne mit viel nationalistischem Brimborium. Diesen Zeitpunkt sollte man für seine Motorradtour dann wenn irgend möglich auch besser vermeiden.

Ein kleiner Rat der etwas anderen Art sei an dieser Stelle einmal eingestreut: Wer gerne offroad unterwegs ist, sollte das besonders in diesem Gebiet – und das gilt auch noch für den später noch zu erwähnenden berühmten ***Plitvicer Nationalpark*** – tunlichst unterlassen. Nach wie vor sind in diesem Teil des Landes Unmengen von Landminen nicht geborgen worden. Auf normalen Straßen besteht aber keine Gefahr.

Serbische Enklave

Wie schwer das Leben in diesem Teil des Landes sein kann, zeigt sich nur wenige Kilometer später. Man kurvt nahe der bosnischen Grenze durch ein dichtes Waldgebiet und fährt immer wieder an zerstörten und verwahrlosten Häuserfassaden vorbei. Menschen begegnen einem hier nur selten. Kurz hinter dem Ort ***Srb*** (das heißt „Serbe") in ***Donji Lapac*** bietet sich aber ein Halt an.

Tatsächlich handelt es sich bei diesem Gebiet um eine serbische Enklave. Von den etwa 1200 Einwohnern sind 90 Prozent Serben. Leicht ist das

Željko begrüßt seine Gäste im Bife Una gerne auf Deutsch.

Leben für sie nicht, auch weil es in diesem Teil der Welt so gut wie keine Arbeit gibt. Erste Bestrebungen Touristen hierhin zu locken sind allerdings gestartet. Diese sollen mit professionellen Kajak- und Kanuangeboten auf der ganz in der Nähe befindlichen Una herbeigelockt werden. Ein nettes Rasthaus existiert seit einigen Jahren im Nachbarort Donji Lapac. Hier kann man sich mit tollen, authentischen Speisen für die Weiterfahrt stärken.

Fast eine Passstraße

Wer dann nicht aufpasst, findet sich plötzlich vor dem Schlagbaum der bosnisch-herzegowinischen Grenze wieder. Die Fahrt wäre ein durchaus hübscher Schlenk, doch die fahrerisch viel schönere Route zu den Plitvicer Seen verläuft über *Vrelo Koreničko*. Dort führt eine ziemlich atemberaubende Straße mit vielen tollen Kurvenschwüngen über die Bergkette *Lička Plješevica* hin zu den berühmten Wasserfällen.

Der Nationalpark, der die *Plitvička Jezera* – wie sie im kroatischen heißen – umgibt, wurde bereits 1949 gegründet und zählt damit zu den ältesten in

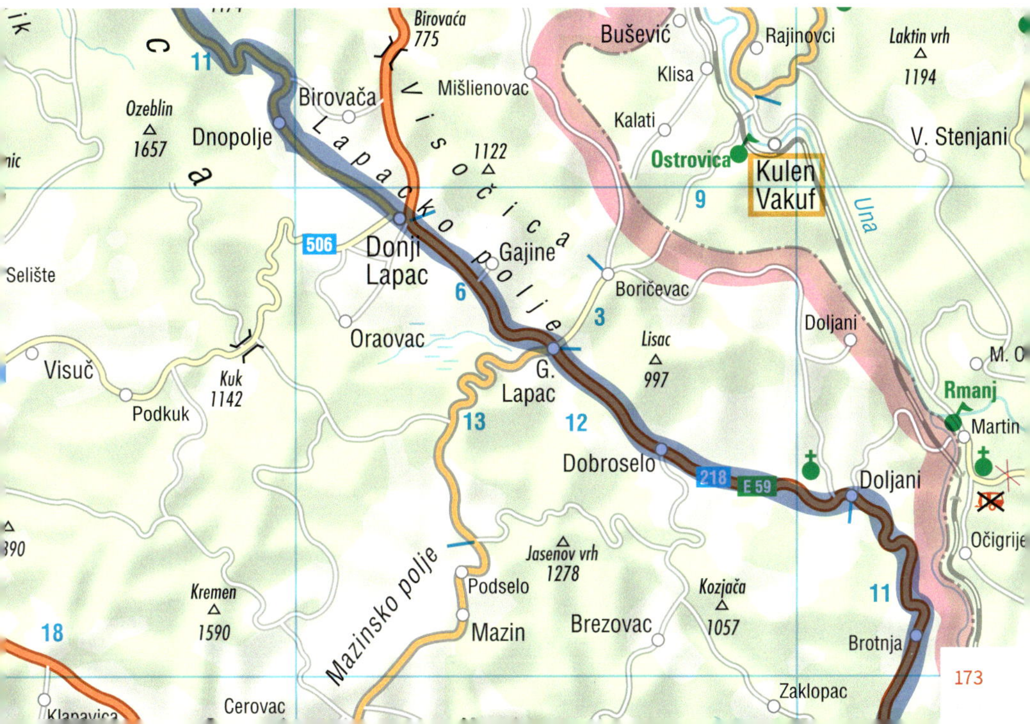

Südosteuropa. Mittlerweile zählt er auch zum UNESCO-Weltnaturerbe. Das geschützte Nationalparkgebiet umfasst 296,85 Quadratkilometer. Es liegt in der mittelkroatischen Karstlandschaft und zählt rund eine Million Besucher pro Jahr. Die kaskadenförmig in der Landschaft verteilten Seen sind über teilweise imposante Wasserfälle miteinander verbunden. Das Wasser ist besonders rein – Schwimmen ist aber verboten – die Vegetation dafür üppig, teilweise mit Urwald-Charakter. Im deutschsprachigen Raum bekannt geworden sind die Seen vor allem durch die Winnetou-Verfilmungen.

Toller Aussichtspunkt

Die Plitvicer Seen gehören zu den meist besuchten Reisezielen in Kroatien. Doch um Enttäuschungen vorweg zu nehmen: Für Motorradreisende ist dieses Gebiet nur bedingt geeignet. Wer sich den Nationalpark näher anschauen möchte, sollte daher in einem der dort befindlichen Unterkunftsmöglichkeiten für mindestens eine Nacht einchecken, denn das Gebiet ist nur zu Fuß zu erreichen. Ein der wenigen Stellen, an denen Motorradfahrer parken und einen schönen Ausblick auf einen Teil der Wasserfälle haben, gibt es nahe des Eingangs Eins beim Restoran Lička kuća (GPS: 44.90543, 15.61202).

Wem der Sinn dennoch nach pittoresken Kaskaden steht, fährt einfach

gleich weiter nach *Slunj*. Der Ortsteil ***Rastoke*** ist dafür bekannt, dass er eine kleine – und durchaus spannende – Version der Plitvicer Seen darstellt. Hier verzweigt sich der Fluss Slunjčica in viele kleinere Flussarme und fließt über zahlreiche Wasserfälle in die Korona. Das ganze Dorf mit seinen einladenden Restaurants und Cafés ist förmlich über dem Wasserschauspiel erbaut worden. Ein Erlebnis sondergleichen.

Slunj-Rastoke wird aufgrund seiner vielen Wasserfälle auch Mini-Plitvice genannt.

Durch das ***Žumberak Gebiet*** geht es weiter. Die nur dünn besiedelte und sanft anmutende Gebirgsregion erstreckt sich auf einer Fläche von 212 Quadratkilometern und erhebt sich bis auf knapp 1200 Meter. Der höchste Gipfel – ***Sveta Gera*** – ist 1178 Meter hoch. Wenige schmale Pfade führen durch die weitgehend belassene Natur.

Martialisches Museum

Bei der weiteren Fahrt auf der alten Plitvicer Straße D-1 entdeckt man im Süden von *Karlovac* erneut ein Über-

STÄDTE-TIPP: SAMOBOR

Kroatiens Cremeschnitte

Samobor ist eine kleine Stadt an der kroatisch-slowenischen Grenze – und nur 20 Kilometer von Zagreb entfernt. Von Süden kommend, nimmt man die schöne Weinstraße dorthin.

SAMOBORSKA KREMŠNITA: Die Kroaten haben das deutsche Wort für die luftige Vanillecreme, die sich zwischen zwei knusprige Gebäckschichten zwängt, schon vor geraumer Zeit in ihren Sprachschatz aufgenommen. Lediglich die Schreibweise ist für deutschsprachige Betrachter durchaus gewöhnungsbedürftig. Die Leckerei bekommt man in den verschiedenen Cafés, die sich in Reih und Glied an den zentralen Platz Trg Kralja Tomislava schmiegen.

BAROCKE INNENSTADT: Von den Anfängen im 13. Jahrhunderts sind so gut wie gar keine Überbleibsel mehr vorhanden. Seinerzeit eine kleine Gemeinde, erhielt Samobor im Jahr 1242 den Status einer freien Königsstadt. Damit mauserte sie sich zu einem bedeutenden Handelssplatz des kroatischen Königreiches, das zwischen 1102 und 1526 eine Union mit Ungarn eingegangen war. Man hatte einen gemeinsamen König, aber jedes Volk seine eigene Verwaltung.

KIRCHE SV. MIHOVIL: Gebaut wurde das Gotteshaus, das dem heiligen Michael geweiht ist, schon bei Stadtgründung, also im zwölften Jahrhundert. Auf den gotischen Grundstock setzte man 600 Jahre später den Anbau und prunkte das Innere pompös auf. Fertig war die barocke Kirche, die bis heute nicht nur Gläubige, sondern auch Besucher zum Verweilen einlädt.

LIVADIĆ-PALAST: Der barocke Bau stammt aus dem 18. Jahrhundert. In ihm befindet sich das Muzej Grada (Stadtmuseum), welches sich mit der Geschichte Samobors auseinandersetzt. Deutschsprachige Führungen werden angeboten.

SAMOBORSKI MUZEJ: Hier wird dem bedeutendsten Sohn der Stadt, dem Publizisten Ivica Sudnik, gehuldigt. Genau genommen hat der 1910 geborene Kulturinteressierte es 1948 sogar selbst ins Leben gerufen. Schon früh hatte er damit begonnen, sich mit den literarischen Zeugnissen seiner Stadt zu beschäftigen und sammelte nicht nur historische Fotografien, sondern auch Chroniken und bibliograhische Schätze. Sie sind heute im Museum ausgestellt.

KULINARISCHEN HIGHLIGHTS: Neben der bereits erwähnten Kremšnite werden hier schon seit Generationen besondere Senfvariation produziert. Sie bestehen beispielsweise aus gemahlenene Senfkörnern, die mit selbst gemachter Traubenmarmelade eingekocht werden. Eine weitere Spezialität ist alkoholischer Art und nennt sich Bermet. Hauptbestandteil sind handverlesene Trauben aus der Region, hinzukommen Wermuth, Früchte und Kräuter.

www.tz-samobor.hr

bleibsel aus den wenig ruhmreichen Zeiten des Bürgerkrieges. An die Narben des Bruderkampfes erinnert im Ortsteil *Turanj* das Freiluft-Museum Muzej Domovinskog Rata mit alten Panzern und anderen martialischen Kriegsgeräten.

Bier ist das bekannteste Produkt, denn das hier abgefüllte Karlovačko Pivo trägt den Namen der Stadt hinaus ins Land, nach Europa und in die Welt. Von Ende August bis Anfang September finden in Karlovac die Biertage „Karlovački dani piva" statt. Sie zählen zu den wichtigsten Großereignissen Kroatiens. Zahlreiche Musikgruppen und Kabarettisten treten während dieses Festivals auf.

Sehenswerte Weinstraße

Von der Umgehungsstraße aus präsentiert sich Karlovac nur wenig einladend, dabei ist die Vier-Flüsse-Stadt – sie liegt an der *Korana,* der *Kupa,* der *Mrežnica* und der *Dobra* – in ihrem Zentrum durchaus sehenswert. Von

Weinstraße Samobor.

den Toren vor Karlovac kommt man nach einer munteren Fahrt auf feinen, kleinen Nebenstraßen über *Draganić*

zur Hauptstraße nach *Jastrebarsko*, wo die prächtige *Vinska Cesta* – die Weinstraße – beginnt.

Umgeben von Hügeln, die ein wenig an die Toskana erinnern, geht es weiter gen Norden. Allerdings hat diese Panoramastraße es durchaus in sich: Besonders im Frühjahr und Herbst kann es einem passieren, dass meterlange Teile der Straße sich den Abhang hinunter verabschiedet haben. Zudem steht Bitumen-Flickwerk bei den Bauarbeitern hoch im Kurs. Daher: Sobald es regnet und die Straße nass wird, bitte unbedingt auf die abseits der Weinberge verlaufende Alternativroute ausweichen.

Barocke Innenstadt

Die Weinstraße endet in *Samobor*, einer Stadt mit langer Tradition. Ihr barockes Zentrum ist schon optisch ein Anziehungspunkt. Versüßt wird Besuchern der Aufenthalt zudem mit einer lokalen Spezialität, die über die Stadtgrenzen hinaus bekannt ist: die Samoborska Kremšnita. Doch auch ein Spaziergang durch die hübschen Gassen der erstaunlich gut erhaltenen, barocken Innenstadt lohnt sich.

Man befindet sich hier gerade einmal 20 Kilometer westlich von Zagreb, so dass Eilige sich hier auf die Autobahn für die schnelle Rückfahrt in die Heimat schwingen können. Alternativ geht es zum Grenzübergang Macelj und einmal quer durch Slowenien dann wieder zurück in die Heimat. ◂

INFOS ZUR TOUR

CHARAKTERISTIK

Diese Tour ist sehr gut zu fahren, und wer auf längere Aufenthalte und Besichtigungen verzichten kann, ist innerhalb eines Tages von der Küste wieder zurück auf dem Heimweg.

ÜBERNACHTUNG

Hotel Eden
Strožanačka cesta 76, HR-21312 Split
Das moderne Hotel befindet sich im Ort Podstrana, nur wenige Kilometer von Split entfernt. Es bietet einen Privatparkplatz, schicke Zimmer und hervorragendes Essen.
www.hoteleden-split.com
GPS 43.49564, 16.53706

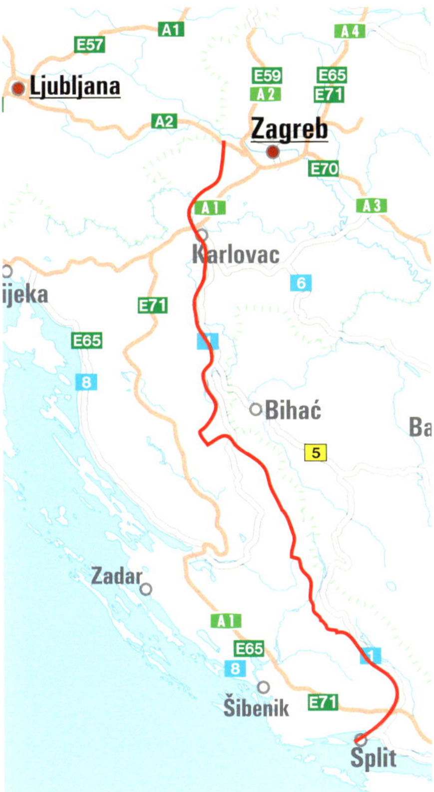

Hotel Lavica
Ferde Livadića 5, HR-10430 Samobor
Das traditionsreiche Hotel bietet im Zentrum von Samobor einen gesicherten Parkplatz, originelle Zimmer und gutes Essen.
www.lavica-hotel.hr
GPS 45.80132, 15.7085

ESSEN UND TRINKEN

Bife Una
HR-53252 Doljani
Ein Geheimtipp in der serbischen Enklave ist dieses Restaurant direkt an der Hauptstraße in Donji Lapac. Hier wird Fleisch vom Grill oder auch frisches Lamm serviert. Željko, der Inhaber spricht gut Deutsch und bietet auch Rafting-Ausflüge auf der Una an.
GPS 44.47666, 16.10629

KOMBINATIONSMÖGLICHKEITEN

Wer länger unterwegs sein möchte, kann sich von dieser Tour aus auf allerhand interessante Alternativen begeben. So kann man sie in Richtung Norden nach Slowenien hin verlängern, um dort noch ein paar Pässe mitzunehmen, bevor es wieder zurück in die Heimat geht.

EXTRA-TIPP

Von der beschriebenen serbischen Enklave aus, lohnt sich ein Abstecher ins Nachbarland Bosnien und Herzegowina. Der Nationalpark Una ist nicht weit entfernt und bietet Motorradfahrern einige schöne Highlights und tolle Kurvenpassagen. Folgende sehr empfehlenswerte Unterkunft befindet sich direkt hinter der Grenze und dient als gute Basis. Die Mitarbeiter sprechen Deutsch und helfen gerne mit Tipps vor Ort.

Hotel Emporium
Dr. Irfana Ljubijankića 90, BIH-77000 Bihać.
www.emporium.ba
GPS 44.81907, 15.86333

ANREISE

Wer in Deutschland oder Österreich wohnt nutzt am besten die Autobahn, um die ersten hundert oder mehr Kilometer hinter sich zu bringen. Je nachdem wohin es als erstes gehen soll, kann man sich die Autobahn in Slowenien oft schenken und über die meist bestens ausgebauten Landstraßen zügig in Richtung kroatischer Grenze fahren. Motorradreisende aus der Schweiz fahren dagegen besser über Italien an. Istrien und die Kvarner Bucht sind schon seit jeher beliebt, auch weil diese Regionen verhältnismäßig schnell erreichbar sind.

Vom Standort München beispielsweise beträgt die Distanz sowohl nach Rovinj als auch nach Rijeka jeweils knappe 600 Kilometer. Wer dagegen nach Dalmatien reist, ist sehr viel länger unterwegs. Es lohnt sich durchaus einen Teil der modernen Autobahn 1 für Überbrückungsetappen zu nutzen. Diese wird nicht von ungefähr in der Landessprache als Dalmatinska Autocesta bezeichnet.

MAUT

Maut ist auf allen Autobahnen in Kroatien fällig. Vignetten für einen längren Zeitraum gibt es nicht. Die Autobahnnutzungsgebühr richtet sich nach der Länge der gefahrenen Strecke und muss wie in Italien oder Spanien auch bei der jeweiligen Abfahrt am Kassenhäuschen beglichen werden. Euros werden als Bargeld angenommen, das

Wechselgeld erhält man aber in der kroatischen Landeswährung Kuna zurückgezahlt. Auch die Bezahlung per EC- und Kreditkarten ist möglich. Motorräder zählen zur Kategorie IA und kommen damit preislich etwas günstiger weg als Pkw.

Neben den Autobahnen gilt die Maut auch auf den Halbautobahnen, dem sogenannten Istrischen Y, mit den Mautstationen „Učka-Tunnel" und „Viadukt Mirna" sowie auf der Brücke auf die Insel Krk und bei der Auffahrt zum Sveti Jure.

REISEZEIT

Die klassische Reisezeit ist von Anfang April bis Ende Oktober. In diesem Zeitraum kann die Jadranska Magistrala im Normalfall auch befahren werden. Ausnahmen gelten, wenn die Bura – der kalte Fallwind – tobt. In diesen Fällen wird die Küstenstraße zumeist an Teilstrecken von der örtlichen Polizei abgesperrt. In vielen Teilen Dalmatiens beginnt die Saison erst am 1. Mai und endet am 30. September.

Obwohl das Klima das Reisen üblicherweise erlauben würde, gönnen sich die Hotels und größeren Appartements nach wie vor eine lange Winterpause. Bei der Suche nach Unterkünften kann es daher schwierig werden. Motorradreisende sollten wenn irgend möglich die Hochsaison im Juli und August meiden. Zum einen kann es an der Adria brütend heiß werden und zum anderen sind die Straßen und Strände meist überbevölkert. Wir empfehlen die Monate Mai und September.

WÄHRUNG

2019 soll der Euro auch in Kroatien eingeführt werden. Bis dahin gilt die nationale Währung kroatische Kuna (HRK), unterteilt ist sie in Lipa. Der Wechselkurs schwankt, das Verhältnis kann pauschal aber als 1 Euro zu 7 Kuna gerechnet werden. An Tankstellen kann mit den üblichen Karten bezahlt werden, gleiches gilt für die meisten Hotels und Restaurants sowie Shops. Kleinere Gaststätten, Pensio-

nen und Supermärkte bestehen meist auf Bargeld. Euros werden dort nach wie vor nur selten angenommen, daher sollte man für unterwegs immer ein paar Kuna einstecken. Wechselstuben gibt es in allen größeren Städten. Die günstigste Variante aber ist, sich mit der Maestro Card (und nicht der Kreditkarte) Geld von seinem Konto über den Bankomaten abzuheben. Diese sind überall im Lande in ausreichender Zahl vorhanden.

SPRACHEN

Kroatisch ist die Amtssprache des gesamten Landes. In Teiles Istriens gelten zudem auch Italienisch und Slowenisch als offizielle Amtssprachen. Im Norden Slawoniens gibt es ungarische und deutsche Sprachinseln. In Teilen Dalmatiens und in der Zagorje werden Dialekte gesprochen.

Für Motorradeisende wichtig: Im Prinzip kommt man überall in Kroatien mit Englisch bestens weiter. Viele Einwohner sprechen zum Teil aber auch hervorragend Deutsch. Das liegt zum einen an der langen Tradition des Tourismus und daran, dass viele als Gastarbeiter in Deutschland und Österreich die Sprache gelernt haben. Ab Seite 188 haben wir einen kleinen Sprachführer zusammengestellt.

MOTORRADFAHREN

Mit seiner abwechslungsreichen Landschaft und kleinen, kurvenreichen Straßen ist Kroatien das ideale Motorrad-Land. Vorsicht ist auf Nebenstrecken geboten, wo kleine Steinchen in Kurven gefährlich werden können.

MIET-MOTORRÄDER

Straßenmotorräder

ADRIATIC MOTOTOURS
Ljubljana / Slowenien
www.adriaticmototours.com

MOTO ADVENTURE CROATIA
Zagreb
motoadventurecroatia.com

MOTO TRIP
Jastrebarsko / Zagreb
www.mototrip-tours.com

Enduro

ENDURO CROATIA
Potpićan / Istrien
www.enduro-croatia.com

ADVENTURE TOURS CROATIA
Zlatar / Zagorje
www.adventuretours-croatia.com

INSELHOPPING

Die kroatische Staatsreederei Jadrolinija übernimmt via Italien nicht nur die Anreise ins Land, sondern stellt mit 35 Fähren den Verkehr zwischen den zahllosen kroatischen Inseln sicher. Entweder mit dem Festland oder miteinander sind die wichtigsten Inseln wie Cres, Lošinj, Rab, Pag, Brač, Hvar, Šolta, die Halbinsel Pelješac, Dugi Otok, Vis, Drvenik Veli und Drvenik Mali, Korčula, Mljet, Šipan, Lopud, Koločep aber auch etliche kleinere verbunden. Wer seine Tour schon von zu Hause aus vorplanen möchte, findet auf der deutschsprachigen Website des

Unternehmens den Fahrplan mit allen Abfahrtsterminen und entsprechenden Ticketpreisen (für Mensch und Motorrad).

www.jadrolinija.hr

ÜBERNACHTUNG

Entlang der Küste stehen eine Vielzahl an Unterkünften für jeden Geschmack und Geldbeutel bereit. Die Spanne reicht von einfachen Gästezimmern (sobe) über Pensionen bis hin zu Fünf-Sterne Hotels. Natürlich ist die Dichte an der Küste besonders groß, aber auch im Inland sind einige Perlen zu finden. In den letzten Jahren sind einige tolle Camping- und Bungalowanlagen entstanden. Viele befindet sich auf den Inseln, aber auch in Istrien und entlang der Magistrala gibt es sie von einfach bis zu luxuriös.

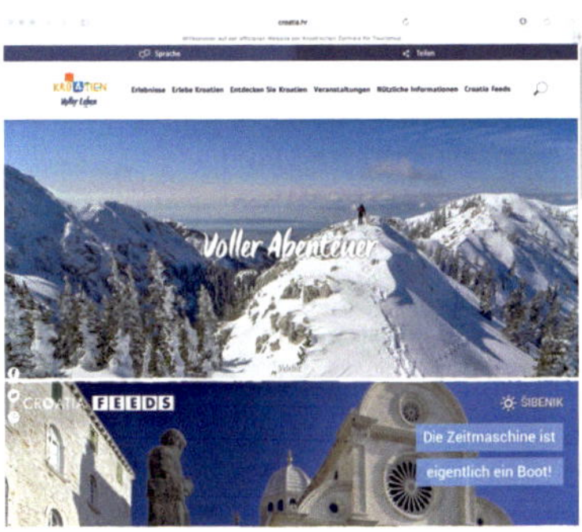

PRAKTISCHES

Das offizielle Informationsportal von Kroatien Tourismus bietet auf Deutsch vielfältige Informationen, Tipps für Reiseideen, Hintergrundinformationen, Städtetipps und auch die Möglichkeit Unterkünfte zu buchen.

www.croatia.hr

DEUTSCHLAND
Kroatische Zentrale für Tourismus
Stephanstrasse 13 | 60313 Frankfurt
T (0 69) 2 38 53 50
info@visitkroatien.de

DEUTSCHLAND
Sonnenstr. 8 | 80331 München
T (089) 22 33 44
office@visitkroatien.de

ÖSTERREICH
Liechtensteinstraße 22 a, 1/1/7
A-1090 Wien
T +43 (1) 585 38 84
office@kroatien.at

In Notfällen, wenn zum Beispiel das Motorrad, Geld oder die Papiere weg sind, gibt es Hilfe bei den jeweiligen diplomatischen Vertretungen der Heimatländer.

DEUTSCHE BOTSCHAFT
Ulica grada Vukovara 64 | HR-10000 Zagreb
T +385 (1) 63 00 100
info@zagreb.diplo.de
www.zagreb.diplo.de

ÖSTERREICHISCHE BOTSCHAFT AGRAM
Radnicka cesta 80 | HR-10000 Zagreb
T +385 (1) 4 88 10 50
post@bmeia.gv.at | **www.bmeia.gv.at**

EMBASSY OF SWITZERLAND
Ul. Augusta Cesarca 10 | HR-10000 Zagreb
T +385 (1) 4 87 88 00
zag.vertretung@eda.admin.ch
www.eda.admin.ch

KARTEN | REISEFÜHRER

Der slowenische Verlag **GEODETSKA DRUŽBA** gibt ganz hervorragende Straßenkarten heraus. Es gibt sie zurzeit unter anderem für die Regionen Dalmatien-Nord, Dalmatien-Süd sowie Istrien und Kvarner. Aufbereitet sind sie jeweils im Maßstab 1:150 00. Die Karten überzeugen mit einem neuartigen Falzsystem. Durch klare Trennung der einzelnen Kartenteile verschwinden wichtige Informationen nicht mehr in der Falz. Die beidseitig laminierte Oberfläche ist reißfest, wetterfest und mit abwaschbaren Markern beschreibbar. In Deutschland erhältlich sind sie über den Verlag MoTourMedia.

www.motourmedia.de

Ein einzigartiges Produkt sind die **FOLYMAPS TOURENKARTEN KROATIEN UND SLOWENIEN** aus dem **TVV TOURISTIK VERLAG**. Das Set besteht aus jeweils acht Tourenkarten und kostet 19,95 Euro. Auf jeder Karte gibt es bis zu fünf verschiedene Tourvorschläge, die auf der Rückseite des Kartenblatts eingehend beschrieben sind. Darüber hinaus lassen sich die robusten Karten aber auch bestens als Straßenkarten für die Planung und auch unterwegs benutzen.

Die Karten sind beidseitig foliert und so gegen Wasser und Verschmutzung geschützt. Reißfest sind sie noch dazu. Außerdem kommen sie in einer handlichen Kunststofftasche, die zusätzlichen Schutz bietet. Durch die Verwendung von Mikrofolie anstelle des sonst üblichen steifen Laminats bleiben die Karten hochflexibel und bestens faltbar. Damit lassen sie sich in jeder gewünschten Ansicht etwa im Kartenfach eines Tankrucksacks integrieren. Maßstab der Karten 1:250 000. ISBN 978-3-937063-16-4

Klein und handlich ist die **MOTORRADKARTEN-BOX KROATIEN UND SLOWENIEN** von Biker Betten im **TVV TOURISTIK VERLAG**. Für 9,95 Euro gibt es die ultimative Kartenbox mit acht informativen Papierkarten zu den schönsten Motorrad-Regionen zwischen Drau und Adria. Alle Kar-

ten stellen jeweils fünf eingezeichnete und beschriebene Touren vor und weisen natürlich auch auf an den Routen liegende Unterkünften für Motorrad-Reisende hin.

ISBN 978-3-93706309-6

Die praktischen und hilfreichen Karten vom **TVV TOURISTIK VERLAG** sind im Maßstab 1:250.000 ausgeführt. Die Boxen sind im Buchhandel, via Amazon oder auf **www.bikerbetten.de** erhältlich. Dort gibt es zudem unzählige weitere Tipps zu Motorradtouren durch ganz Europa.

SPRACHFÜHRER

Das wohl nützlichste Deutsch-Kroatische Universalwörterbuch kommt – natürlich – aus dem Hause **LANGENSCHEIDT** und bietet 30 000 Stichwörter und Wendungen für unterwegs.

ISBN 978-3-468-18314-0

Der Sprachführer aus dem **HUEBER VERLAG** ist für ein erstes Hineinschnuppern gedacht. Wer sich kurz vor seinem Trip mit ihm beschäftigt, lernt die Sprachstruktur und einen Basiswortschatz. Er wird mit zwei Audio-CDs geliefert. ISBN 978-3-19005359-9

MOTORRAD-TOURENMAGAZIN

ALPENTOURER bietet sechs Ausgaben pro Jahr, prall gefüllt mit Tourentipps zu den schönsten Strecken zwischen Atlantik und Adria. Hinzu kommen echte „Erfahrungsberichte" über Tourenmotorräder, Bekleidung, Helme und Zubehör. In regelmäßigen Abständen werden auch Touren durch Kroatien und seine Anrainerstaaten vorgestellt. Zum Verlagsservice gehört ein Portal, in dem unter anderem die zugehörigen GPS-Daten kostenlos zum Download bereitgestellt werden. Außerdem bietet es eine umfassende Übersicht zum Zustand der Alpenpässe (wichtig für die Anreise!).

www.alpentourer.eu

Kleiner **Sprachführer**

Für die Motorradreise durch Kroatien, sind hier die wichtigsten Begriffe und Redewendungen zusammengestellt.

HINWEISE ZUR AUSSPRACHE | SONDERZEICHEN:

c	wie das dt. z	Bsp. granica (Grenze)
ć	wie das dt. tch	Bsp. noć (Nacht)
č	wie das dt. tsch	Bsp. časopis (Zeitschrift)
đ	wie das dt. dsch	Bsp. Do viđenja (Auf Wiedersehen)
h	wie das dt. ch	Bsp. hvala (Danke)
s	wie das dt. ß	Bsp. soba (Zimmer)
š	wie das dt. sch	Bsp.: šuma (Wald)
v	wie das dt. w	Bsp. voda (Wasser)
z	wie das dt. stimmhafte s wie in Rose	Bsp.: zabrana (Verbot)
ž	stimmhafter Konsonant wie in Journal	Bsp.: želja (Wunsch)

Die im deutschen Alphabet vorhandenen Konsonanten q, w, x, y existieren im Kroatischen nicht. Konsonanten werden auch niemals verdoppelt, wie im Deutschen üblich (z.B. Motorrad). Zu beachten ist die Aussprache des Konsonanten r. Wie in vielen südeuropäischen Sprachen, wird er auch hier als rollendes Zungen-R betont. Diese Art der Aussprache, ist bei Begriffen wir vrlo (sehr) oder der Insel Krk oder Hvar zur Verständigung wichtig.

Notrufnummern in Kroatien
192 (Polizei)
193 (Feuerwehr)
194 (Rettungswagen)

VERSTÄNDIGUNG

ja / nein	da / ne
was / wann / wo/ hier	što / kada / gdje / ovdje
Sprechen Sie Deutsch?	Govorite li njemački?
Haben Sie mich verstanden?	Da li ste me razumjeli?
Ich habe verstanden.	Razumio (weibl. Razumjela) sam.
Ich habe das nicht verstanden.	To nisam razumio (weibl. razumjela)..

BEGRÜSSUNG | VERABSCHIEDUNG

Hallo	Zdravo od. Bok
Guten Morgen / Tag / Abend	Dobro jutro / Dobar dan / Dobra večer
Wie geht es Dir / Ihnen?	Kako si / ste?
Danke, gut. Und Dir / Ihnen?	Hvala, dobro. A ti / vi?
Auf Wiedersehen / tschüss	Do viđenja / bok

KENNENLERNEN

Ich heiße...	Zovem se...
Wie heißt Du / heißen Sie?	Kako se zoveš / se zovete?
Woher kommst Du / kommen Sie?	Odakle si / ste?
Ich komme aus Deutschland / Österreich / der Schweiz.	Ja sam iz Njemačke / Austrije / Švicarske.

HÖFLICHKEIT

Bitte	Molim
(Vielen) Dank (e)	(Puno) hvala
Könnten Sie mir bitte helfen?	Molim vas, možete li mi pomoči?
Entschuldigen Sie!	Oprostite!

UNTERKUNFT

Wo ist die Touristeninformation?	Gdje je turistička agencija?
Können Sie mir ein gutes Hotel / preiswertes Hotel / eine Pension / eine Privatunterkunft empfehlen?	Možete li mi preporučiti dobar hotel / jeftin hotel / pansion / privatni smještaj?
Wie komme ich dorthin?	Kako ću doći do tamo?
Haben Sie ein Einzelzimmer / Doppelzimmer frei?	Imate li slobodnu jednokrevetnu / dvokrevetnu sobu?
Wie viel kostet es?	Koliko to košta?
Ich nehme es!	Uzet ću ju!

RUND UMS BIKEN

Anlasser	starter
Auspuff	auspuh
Ersatzteil	rezervni dio
Führerschein	vozačka dozvola
Zoll	carina
Helm	kaciga
Kreuzung	križanje
Licht	svijetlo
Maut	cestarina
Öl	ulje
Parkplatz	parkiralište
Reifen	guma
Reifendruck	tlak u gumi
Schlüssel	ključ
Straße	ulica, cesta
links / rechts / geradeaus	lijevo / desno / ravno
weit	daleko
zurück	natrag

WETTER

Was sagt der Wetterbericht?	Kakva ja prognoza?
Es wird schön / warm / heiß / schwül / kalt / schlecht	Bit će lijepo / toplo / vruće / sparno / hladno / loše
Es wird regnen	Padat će kiša.
Es wird ein Gewitter kommen	Biti će nevrijeme
Sonne	sunce

UNTERWEGS

Entschuldigung, wo ist…?	Oprostite, gdje je…?
Wie komme ich zu / nach…?	Kako ću doći u / do ?
Können Sie mir das bitte auf der Karte zeigen?	Možete li mi, molim vas, to pokazati na karti?
Wie weit ist es?	Koliko je to daleko?
Wie viele Minuten mit dem Motorrad?	Koliko minuta treba motociklom?
Ist das die Straße nach…?	Je li ovo cesta za…?
Wie komme ich zur Autobahn?	Kako ću doći na autocestu?
Wo kann ich mein Motorrad abstellen?	Gdje mogu ostaviti motocikl?
Wie hoch ist die Gebühr für ein Motorrad?	Kolika je cestarina za motocikl?

FÄHRE

Wann fährt die nächste Fähre nach…ab?	Kad polazi sljedeći trajekt za …?
Wie lange dauert die Überfahrt nach…?	Koliko dugo traje vožnja do…?
Wann legen wir in…an?	Kad pristajemo u…?

ESSEN UND TRINKEN

essen / trinken	jesti / piti
Wo gibt es hier in der Nähe ein preiswertes / typisches Restaurant?	Gdje je tu u blizini jeftin / tipičan restoran?
Einen Tisch für …Personen bitte!	Stol za … osoba, molim.
Die Speisekarte bitte.	Jelovnik, molim.
Kann ich noch etwas Warmes bekommen?	Mogu li naručit kakvo toplo jelo?
Ich möchte nur etwas trinken.	Htio (weibl. Htjela) bih samo nešto popiti.

Die Rechnung bitte!	Račun molim!	Gemüse	povrće
Suppe	juha	Beilagen	prilozi
kalte Vorspeisen	hladna predjela	Käse	sir
Fleischgerichte	jela od mesa	Brot	kruh
Fisch	riba	Bier	pivo

Rot-/Weißwein	crno/bijelo vino	Gabel	vilica
Kaffee	kava	Löffel	žlica
Wasser	voda	Frühstück	doručak
Tasse	šalica	Mittagessen	ručak
Glas	čaša	Abendessen	večera
Teller	tanjur	bestellen	naručiti
Messer	nož		

RUND UM DIE PANNE / DEN UNFALL

Bitte helfen Sie mir!	Molim vas, pomozite mi!
Ich habe kein Benzin mehr.	Nemam više benzina.
Wo ist die nächste Tankstelle?	Gdje je sljedeća benzinska pumpa?
Ich habe eine Reifenpanne.	Imam praznu gumu.
Ich habe eine Motorpanne.	Imam kvar na motoru.
Die Batterie ist leer.	Akumulator je prazan.
kaputt	pokvareno
Wie teuer wird die Reparatur ungefähr sein?	Kolko će popravak približno koštati?
Machen Sie bitte nur das Nötigste.	Molim vas, popravite samo najnužnije.
Wann ist es fertig?	Kad će biti gotovo?
Wo ist die nächste Werkstatt?	Gdje je najbliža radionica?
Es ist nicht meine Schuld!	Nisam kriv!
Ich hatte Vorfahrt!	Imao (weibl. Imala) sam prednost!
Sie sind zu schnell gefahren!	Vozili ste prebrzo!
Es ist ein Unfall passiert.	Dogodila se je nesreća.
Zeuge	svjedok
Ich bestehe darauf, die Polizei zu rufen!	Želim pozvati policiju!
Rufen Sie bitte schnell die Polizei / die Feuerwehr / einen Krankenwagen	Molim vas, hitno pozovite policiju / vatrogasce / hitnu pomoć.

Grundzahlen

0	nula	10	deset	20	dvadeset
1	jedan	11	jedanaest	25	dvadeset pet
2	dva	12	dvanaest	50	pedeset
3	tri	13	trinaest	100	sto
4	četiri	14	četrnaest	500	petsto
5	pet	15	petnaest	1000	tisuća
6	šest	16	šestnaest	2000	dvije tisuće
7	sedam	17	sedamnaest	10000	deset tisuća
8	osam	18	osamnaest		
9	devet	19	devetnaest		

HERAUSGEBER

TVV Touristik-Verlag GmbH | Werner Henschel Str. 2 | D-34233 Fuldatal-Ihringshausen
Tel.: +49 - (0) 561/400 85 - 0 | Fax: +49 - (0) 561/400 85 - 21
info@bikerbetten.de | www.bikerbetten.de

Vertretungsberechtigter Geschäftsführer: Peter Schmitz
Registergericht: Kassel | Registernummer: 13254
Umsatzsteuer-Identifikationsnummer gemäß § 27 a Umsatzsteuergesetz: DE813611060

REDAKTION Snežana Šimičić; Stephan Fennel

FOTOS Art Redaktionsteam (56, 59, 74, 75, 79, 88, 89, 91, 92, 2 x98) – Croata.hr (15) – Stephan Fennel (14, 17, 19, 32, 33, 34, 36, 38, 40, 44, 45, 46, 61, 63, 72, 78, 81, 95, 102, 106, 111, 132, 139, 140, 142, 155, 166, 173, 174) – Wilfried Floriani (86) – Markus Haslinger (64) – Renco Kosinoz (77) – Thomas Krämer (93) – MC Nikola Tesla (16) –Moritz Mahler (8, 55) – NP Risnjak (21) – Darko Novosel (22) – Jordis Overödder (70) – ReiseBank AG (181) – Snežana Šimičić (10, 12, 18, 20, 26, 29, 32, 35, 44, 46, 47, 49, 2x50, 52, 59, 61, 68, 84, 95, 2x96, 100, 104, 107, 108, 110, 112, 113, 114, 116, 120, 122, 124, 125, 133, 136, 138, 140, 142, 144, 145, 146, 155, 157, 158, 160, 161, 164, 168, 171, 175, 176, 177) – Tanja Schmitz (4, 24, 43, 48, 129, 159) – Peter Schmitz (35, 118, 125, 127, 129, 130, 148, 153, 161) – TOZ Penkala (15) – TVB Piran (54, 63)

UMSCHLAGGESTALTUNG TVV Touristik-Verlag GmbH

KARTENBASIS © Kunth Verlag GmbH & Co. KG

ROUTEN Text-o-Pix, Wuppertal

PRODUKTION MoTourMedia, Wuppertal

LEKTORAT Text-o-Pix, Wuppertal

DRUCK UND WEITERVERARBEITUNG Silber Druck oHG, 34266 Niestetal

Die GPS-Daten gibt es zum kostenlosen Download auf **www.bikerbetten.de**

ISBN 978-3-937063-37-9

WWW.BIKERBETTEN.DE